JOHANNA HERZOG-DÜRCK

Die Arbeit der Seele

Heilung als Erlebnis
im psychotherapeutischen Prozeß

FURCHE-VERLAG

BAND 107 DER STUNDENBÜCHER

FÜR VALENTIN UND SYLVIA

Originalausgabe
© Furche-Verlag H. Rennebach KG, Hamburg 1972
Alle Rechte, auch die des auszugsweisen Nachdrucks
und der photomechanischen Wiedergabe, vorbehalten
Umschlagentwurf: Alfred Janietz
Gesamtherstellung: Clausen & Bosse, Leck
Printed in Germany
ISBN 3 7730 0053 7
Bestell-Nr. 2 5107/9

INHALT

VORWORT

Des Menschen Richtschnur ist die Erde.
Der Erde Richtschnur ist der Himmel.
Des Himmels Richtschnur ist der WEG.
Des Weges Richtschnur ist: er selbst.

Lao-Tse

Die vorliegende Schrift will kein Fachbuch der Psychotherapie sein. Sie wendet sich an alle, denen es um den, wie ich glaube, unzerstörbaren, jedoch immer wieder von Verdunkelung und Verfälschung bedrohten Kern echten Menschseins geht. Sie wendet sich insbesondre an diejenigen, die es in irgendeiner Weise mit dem seelisch Leidenden zu tun haben.

In meiner eigenen psychotherapeutischen Arbeit ist mir mehr und mehr klar geworden, daß im tiefsten Grunde des seelischen Leidens, das wir als Neurose bezeichnen, ein Zerfallensein des Menschen mit sich selbst, ja mit dem Menschsein als solchem verborgen ist. Die vorliegende Schrift befragt den Leidenden auf das hin, was ihn ausschließt vom unendlichen Reichtum des Lebens, von der Tiefe schöpferischer Kommunikation, vom Mitwirken am Werk aller, darüber hinaus aber fragt sie nach dem, was allen diesen Negationen zugrunde liegt: nach der *eigentlichen Verzweiflung der Neurose*.

Nur von einer solchen Sicht aus kann das *Heilungsgeschehen* den ganzen Menschen erfassen, wird es nicht nur die Erstarrung seiner menschlichen Beziehungsformen lösen, sondern auch seine geistige Konfrontation mit der transzendentalen Grundverfassung des Menschseins ermöglichen und vertiefen können. Denn wo der Mensch diese Konfrontation zu vermeiden sucht, gerät er oft genug in die für die Neurose kennzeichnende Gesamtstimmung von Angst, Sinnlosigkeit und Depression.

Es fällt dem Menschen schwer, »einzustimmen« in seine ihm gesetzten Grenzen, an denen sich ja gerade seine tiefste *Produktivität* entfalten sollte. Wir verstehen das Wort *Person* aus solcher »Einstimmung«, aus der Freiheit des Einstimmens des Menschen zu seinem Menschsein als endlichem. Wir leiten das Wort Person sprachlich ab von dem lateinischen Wort per-sonare, d. h. hindurchtönen. Mit dem Begriff Person weisen wir also nicht nur auf den engeren persönlichen Bereich der immer wechselnden menschlichen Relationen mit all ihren Interessen, Mächten, Leidenschaften und Gewalten, sondern auf die *Wer-bin-ich-Frage der menschlichen Identität.* Was kommt in mir zum Klingen? Was will in mir zum Klingen kommen? Setzen die Grundbedingungen der Existenz dem Menschen zwar unüberschreitbare Grenzen, so bilden sie doch zugleich das große »Angebot«, die *Chance der eigentlichen Reifung* durch die Phasen des Lebens. (Man könnte sie in gewissem Sinn mit Friedensbedingungen vergleichen, an denen ein besiegtes Volk zu verbluten befürchtet, um dann zu entdecken, daß gerade sie es sind, die seine tiefsten Kräfte und seine noch verborgenen Schätze erst aktivieren.)

Zweifellos berühren sich unter diesen Gesichtspunkten die Aufgaben des Psychotherapeuten mit denen des *theologischen Seelsorgers.* Wir dürfen es lebhaft begrüßen, daß eine wachsende Aufmerksamkeit der Kirchen für die Anliegen der Psychotherapie sich anbahnt, wie auch andrerseits das Verständnis der letzteren wächst für menschlich echte Seelsorge, die sich nicht mehr allein auf das opus operatum zu stützen gedenkt. Manche Faktoren freilich blockieren immer noch eine lebendige Beziehung, die beiden Bereichen ihre autonome Eigenständigkeit zubilligen würde. Aber es erhellt sich doch mehr und mehr, daß ein wirklicher Glaube nur aus der Befreiung der zentralen, der »Herzkräfte« eines Menschen erwachsen kann, daß die Religion eines Menschen nichts anderes sein kann als der Mensch selbst.

Die vorliegende Schrift hält sich fern von jeder theoretischen Diskussion und Absetzung gegen andere Methoden und Schulmeinungen, sie vermeidet dem Leser ungeläufige Fachausdrücke.* Sie definiert nicht, was Seele ist, da jeder Mensch sich dessen ganz unmittelbar und insbesondre in den Augenblicken starken Gefühls und innerer Sammlung inne wird. Immer wieder kommt der konkrete Einzelne in seiner unredigierten Sprechweise zu Wort; die verschiedenen Strukturen der seelischen Leiden werden in der bluthaft konkreten Intensität ihrer Aussage beschrieben, ihrer Aussage für den Einzelnen selbst, für die Nächsten, aber auch für die Gesellschaft, die ihn bestimmen und bestimmt haben, oft genug mit der Schwere einer »Programmierung«, die sich durch Jahrzehnte eines gelebten Lebens nicht lockern kann, ja als solche nicht einmal bewußt wird.

Nicht um neurosen- und behandlungstechnische Strukturfragen allein muß sich ein Psychotherapeut kümmern. Er muß sich kümmern um das Menschliche eines Menschen, vom äußersten bis zum innersten Feld dieses Lebens, er muß sich kümmern um den Menschen selbst. Und das erwartet auch der Patient von seinem Therapeuten.

Vor allem geht es in der vorliegenden Schrift um das Wesen und Geschehen der *Heilungsentwicklung*, die aus verständlichen Gründen selten dargestellt wird. Denn sie ist immer ein *Erleben*, das den Menschen ergreift und wandelt und das deshalb auch mit rein wissenschaftlichen Kategorien nie voll beschrieben werden kann. Unser An-

* Wer sich genauer über die theoretischen Grundlagen und die Arbeitsweise der personalen Psychotherapie informieren will, sei hingewiesen auf meine Bücher »Menschsein als Wagnis«, Stuttgart 1960 und »Probleme menschlicher Reifung / Person und Identität in der personalen Psychotherapie«, Stuttgart 1969.

liegen besteht darin, den Leser an kleinen konkreten Schritten, die freilich nur ausschnitthaft wiedergegeben werden können, miterleben zu lassen, wie in der Zusammenarbeit von Patient und Therapeut die oft so starre, dunkle Welt transparenter werden, sich mit erster Hoffnung erfüllen kann. So wirkt z. B. ein Traum wie der Schein eines Wetterleuchtens, das die ganze Seinsweise eines Menschen von innen her erhellt, so aber erhellt, daß »ehern« festgehaltene »Gesetze« (wie etwa das der Bemächtigung oder der Vermeidung) fundamental in Frage gestellt werden. Da geschieht etwas im Menschen, das ihm bezeugt: du bist freier als du gedacht hast, dein Menschsein ist weit reicher und geladener mit Möglichkeit als du wahrhaben wolltest, es ist auch gefahrvoller mit *fruchtbarer* Gefahr, du bist weit mehr herausgefordert, als du wußtest. Dir wird mehr Geheimnis geschenkt als du anzunehmen bereit warst, du stehst in Verantwortungen, auf die du noch nie geblickt hast. Das war das Unglück deiner Neurose, zu deren Überwindung aus Eigenstem heraus du jetzt auf dem Wege bist.

Die personale Psychotherapie weiß sich mit ihrer Fragestellung und Arbeitsweise durchaus in der geschichtlichen Kontinuität der Psychotherapie als Wissenschaft, die von Freuds Entdeckung der Funktion des Unbewußten eingeleitet, von C. G. Jung um Tiefendimensionen des Seelischen erweitert, von A. Adler und F. Künkel fruchtbar gemacht wurde für die Problematik der Gemeinschaft und des Wir. Zahlreiche Forscher und Praktiker jeder dieser Richtungen arbeiten heute in bedeutenden Entwürfen weiter an der Auswertung, Differenzierung und Weiterführung der gegebenen Systeme und an deren Ausrichtung auf die moderne Gesellschaft.

Für die Perspektive der personalen Psychotherapie enthält das Unbewußte nicht nur die verdrängten libidinösen Strebungen und auch nicht nur die Urbilder und Archetypen der phylogenetischen Entwicklungsgeschichte der Psyche, sondern darüber hinaus die »existentiellen Potenzen« und damit die eigentliche *Möglichkeit der Freiheit* des Menschen. Das Unbewußte durchstößt schwerlastende Prägungen des Bewußtseins; damit aber wird der Weg frei für die schöpferische Arbeit der Seele.

Was meine eigene wissenschaftliche und berufliche Entwicklung betrifft, so bin ich in erster Linie *C. G. Jung* und *Fritz Künkel* zu großem und aufrichtigem Dank verpflichtet. Meinen Dank möchte ich aber auch meinen Patienten aussprechen, die mir indirekt geholfen haben, meine Erkenntnisse zu klären, ferner denjenigen meiner Kollegen und Kolleginnen, die dies auf direkte Weise taten durch Austausch und Gespräch, — vor allem aber meinem Lebenskameraden *Edgar Herzog,* der in unermüdlicher Zusammenarbeit die immer neue Problematik unseres gemeinsamen Berufs mit mir trägt.

München, im Februar 1972   Johanna Herzog-Dürck

I. Der Heilungsentwurf der personalen Psychotherapie

1. Die Neurose als Protest

Mehr als seine Triebe verdrängt der heutige Mensch die Konfrontation mit der Sinnfrage seines Daseins. Es ist das große Dilemma des modernen Menschen, die Notwendigkeit der Auseinandersetzung mit sich selbst in existentieller Dringlichkeit zu verspüren, sie aber ebenso zu fliehen, zu fürchten, »keine Zeit« für sie zu haben und damit dem Sog der Fremdinterpretation und Fremdsteuerung seines Lebens zu verfallen. Dagegen aber wehrt sich auch wieder etwas im Menschen; sein Bestes wehrt sich dagegen. Aus diesem Dilemma resultiert häufig genug die Neurose — eingekleidet in die unzähligen Formen ihrer Symptomatik, ihrer Leidenszustände, ihrer Verzweiflung. Nicht zu Unrecht könnte man die Neurose als das definieren, was den Menschen durch Leiden zwingt, sich grundlegend mit sich selbst auseinanderzusetzen.

Diesen Tatsachen muß der Heilungsentwurf der Psychotherapie entsprechen. Er darf sich nicht beschränken auf eine naturwissenschaftliche Methode der Trieb- und Antriebsbereinigung, so weit auch diese Begriffe von der heutigen Freudschen Schule im allgemeinen gefaßt werden; er muß die bildschaffenden, die mythischen Dimensionen des unbewußten Seelischen, wie insbesondere C. G. Jung sie erschloß, berücksichtigen und integrieren, ja die personale Ganzheit des Menschen als Existenz und als Transzendenz in den Blick nehmen.

Zunächst pflegt der Mensch, der an neurotischen Symptomen erkrankt ist, der Ansicht zu sein, daß irgendeine

Funktion seines psycho-physischen Apparats gestört sei. Und das ist auch der Fall. Aber was drückt sich in diesem Faktum aus? Darf der Psychotherapeut das, was sich da ausdrückt, übersehen und übergehen? Soll er den Patienten zum funktionsfähigen Maschinenteilchen der großen Maschinerie Gesellschaft entwickeln — oder ersetzt er damit eine Neurose vielleicht nur durch eine andere, nämlich die Neurose des Kollektivs? Oder hat er die schwierigere Aufgabe, die Neurose gerade dahin zu verstehen, daß sie einen *Protest* darstellt gegen die Konformität der Vermassung und Entseelung, gegen den großen Trend ins Inhumane, der das technokratische Zeitalter kennzeichnet?

Gesetzt nun also, wir verstehen die Neurose in diesem Sinn, als Protest gegen die vermassenden und verflachenden Gewalten des Zeitalters, so pflegt sie sich oft genug noch als etwas ganz anderes zu enthüllen: sie zeigt sich nämlich in tiefster Schicht als ein existentielles »Unglücklichsein« am Menschsein selbst, ein Hadern gegen die Zumutung der Endlichkeit, gegen die ontologische Dunkelheit, in die alles menschliche Dasein als solches gehüllt ist.

Nicht ohne einander bedingende Verknüpfung zeigen sich uns diese verschiedenen »Schichten« der neurotischen Erkrankung. Sofern sie einen Protest darstellt gegen den zunehmenden Substanzverlust der Gesellschaft, so war es dieser ja auch wieder, der dem »Humanfeld« des Kindes, d. h. seiner frühen menschlichen Umwelt, die kreativen Kräfte entzogen hat. So hat das Kind sich nicht im Urvertrauen zum Leben entwickelt, jener tiefe Mut zur Welt und zu sich selbst wurde nicht in ihm genährt, der das Leben trotz seiner Abgründigkeit und Fragwürdigkeit zu bestehen vermag.

Wenn dem allem so ist, woher nimmt dann aber die Psychotherapie — so wird oft gefragt — die ja nicht einen Schatz tradierter Wahrheiten verwaltet, wie die Religionen es tun, die Möglichkeiten und Kräfte, den Menschen auf den Etappen der Auseinandersetzung mit sich selbst zu begleiten und ihm echte Hilfe zu leisten? Auf diesem Weg, der ja a priori ein Wagnis ist, der, wenn er Sinn hat, nichts anderes sein kann als ein Weg der Reifung in vielen schmerzlichen Krisen, mit dem ganz offenen, nicht determinierbaren Ziel schöpferischer Selbstfindung? »Wie macht sie das?«

So gestellt, kann die Frage nur mißverständlich sein. Einerseits muß sachlich gesagt werden, daß die Psychotherapie eine Wissenschaft ist und ein auf Erfahrung beruhendes empirisches Heilverfahren. Jedes Individuum ist ja, auch in seinen seelischen Bereichen, Gattungsexemplar, und so weit hat Psychotherapie als Wissenschaft ihre Zuständigkeit. Darüber hinaus freilich kennzeichnet den Menschen seine Einmaligkeit, seine Kreativität und Entscheidungsfähigkeit, die von der Neurose zwar verschüttet, aber nicht ausgelöscht ist. Auf sie kommt es bei der Heilung seelischer Erkrankung ganz besonders an. Und hier nun »macht« die Psychotherapie es nicht. Was sie tut, ist allein das, daß sie weckt und anruft. In der Seele des Menschen liegt eine unbeirrbare »*Wahrheitsstimme*« verborgen, eine »Intentionalität«, die um den Weg weiß, dann nämlich, wenn der Mensch einmal wirklich zur Auseinandersetzung mit sich selbst aufgebrochen ist. Allerdings bedarf er auf diesem Wege der Solidarität und Treue des therapeutischen Mitmenschen.

2. Existentielles Unglücklichsein

Der Mensch, der den Psychotherapeuten aufsucht, ist in erster Linie »unglücklich«. Um ein ganz spezifisches Unglücklichsein, wir können es eigentlich nur als ein existentielles Unglücklichsein bezeichnen, handelt es sich da.

Er spürt ganz elementar, »daß es so nicht weitergeht«, »daß etwas geschehen muß«, soll nicht eine unbestimmt schleichende »Frustration« ihn erdrücken, ersticken, ja zugrunde gehen lassen. Und deshalb nimmt er den Weg zum Psychotherapeuten. Er tut damit einen Schritt, der ihm keineswegs leicht gefallen ist, dem ein langwieriges Schwanken vorauszugehen pflegt. Der Mensch ist mit sich zerfallen, er hat sich irgendwie selbst verfehlt. Er fühlt, daß er sich ändern, sich wandeln muß, aber er weiß nicht wie; er fühlt zugleich, daß er sich nicht ändern und wandeln kann, jedenfalls so nicht, nicht auf die Weise, wie er es bisher schon oft versucht hat.

Vielleicht klagt er zunächst nur einmal die anderen an, die Eltern, die Erzieher, den Lebenspartner, die Gesellschaft, die Kirche, die heutige Jugend, die ältere Generation. Vielleicht weist er zunächst nur auf seine unerträglichen Symptome hin, seine psychosomatischen Beschwerden, seine entsetzlichen Stimmungen, seine Unfähigkeit, sich durchzusetzen, Kontakt zu finden, seinen Anlagen entsprechend zu arbeiten; er weist hin auf seine Aggressionen, seine Zwänge und Ängste, mit denen er nicht fertig wird. Vielleicht bringt er zum Ausdruck, daß die anderen sich ändern müssen, die ganze Welt sich ändern muß, und daß der Therapeut ihm helfen soll, »das zu schaffen«, seine Ideale nämlich durchzusetzen.

Es gibt ein gesundes, realistisches, den Umständen adäquates Unglücklichsein, das sich in inneren und äußeren Schritten der Tatkraft, der Vernunft, der Ergebung, des Vertrauens mit dem Leben wieder aussöhnt. Das eben kann das neurotische Unglücklichsein nicht. Denn nicht auf realen Ursachen beruht es, so weitgehend es auch solche ins Feld führt und sie auch tatsächlich im circulus vitiosus herbeizieht. Das Unglücklichsein der Neurose versteht sich selbst nicht, auch wo es auf Tatsachen hinweist: weil meine Eltern mich so weltfremd erzogen haben, weil ich als Künstler unter all dem Lügenwerk und all der Fabrikation von »Kunst« meinen Ausdruck nicht finden kann, weil die Etablierten mich nicht hochkommen lassen, usw.

Aber das Unglücklichsein der Neurose liegt im Grunde noch tiefer. Es beruht auf einem Hadern mit der Gottheit, gleichviel, ob man an eine Gottheit glaubt oder nicht, auf einem Scheitern an den Grundbedingungen, in die menschliches Leben nun einmal gestellt ist. Die verschiedenen Strukturen der Neurose manifestieren dies Hadern und Scheitern, wie wir sehen werden, in ganz verschiedenen Formen. Im Grunde aber geht es jeweils um den existentiellen »Eigensinn« gegen jene fundamentalen Gegebenheiten, die *so* in unser Dasein hereinragen, daß sie zu ihrer Bewältigung nichts anderes, aber auch nichts Geringeres erfordern als menschliche Reifung, menschliche Identität.

3. Die Grundbedingungen der menschlichen Existenz

Es sträubt sich etwas in uns, einen numerus clausus der Grundbedingungen menschlicher Existenz aufzustellen. Als relevant für unser einfühlendes Verstehen der Neurose und die therapeutische Arbeit mit dem seelisch Leidenden treten aber bestimmte Grundbedingungen in unser Gesichtsfeld. Da ist einmal die Grundbedingung der *Zeit* als die, die jedem unserer Lebensaugenblicke sein Maß und seine Stimmung verleiht, die unsere Verwirklichung im Sinnganzen von uns erfordert, die Zeit, die in ihrer Flüchtigkeit, aber auch in ihrer Rätselhaftigkeit den unüberhörbaren Appell an unsere Identitätsfindung mit sich führt. In all unser Tun, all unsere Gestimmtheit strömt sie ein mit der Macht des Erinnerns, mit der Macht des Entwerfens, der Sorge um unser Du, um unseren Leib, unsere begrenzten Kräfte. Allen Lebens Herr und Gesetz, ist sie doch selbst eine Funktion des Raumes, des Planetensystems, des kosmischen Weltalls. Sie trägt unsere Geschichte als Menschheit und unser Schicksal als Einzelwesen mit dem Aufruf zur Tat und zur Fülle, mit dem Jammer des unwiederbringlich Versäumten. Sie zeigt jedem die Stunde seiner Uhr und läßt ihn verspüren, daß diese Stunde die letzte sein kann. Die meßbare Zeit als Angst, aber noch mehr das metaphysische Wesen der Zeit als dunkle Bedrängnis gehören zum Wesen der Neurose.

Markanter als die Zeit, die ja nur Wenige als bewußtes Problem, über den Seufzer hinaus: »Ach, wie schnell doch die Zeit vergeht«, sich etwas angehen lassen, greift die Grundbedingung des *Todes* in unser Dasein ein. Die Erschütterung der Todeserfahrung tut den Abgrund der Sinnfrage unverhüllt vor dem Auge der Seele auf. Woher? Wohin! Was danach? Sind wir verlorene Atome? Was sagen die Religionen? Erlöschen im Nichts? Auferstehen zu ewigem Leben? Was aber heißt das, wenn wir uns aller frommen Wunschphantasien der Einbildungskraft enthalten? Was heißt Glauben? Was besagen die Reden an den Gräbern? Kann denn Hoffnung mehr sein als ein leerer Trost? Aber wiederum ist es ja unmöglich, daß Liebe von Liebe gerissen, der Liebende für den Liebenden vernichtet wird. Wo ist die Kraft, um angesichts des Todes fest in sich zu wurzeln, ja eigentlich ich selbst zu werden? Wie kann Identität als das Ewige im Menschen vor dem großen Gesetz des Todes bestehen? Wird sie da nicht zum hilflosen oder gar anmaßenden Wort?

Das sind Fragen, die das Wesen des neurotischen Unglücklichseins, sei es bewußt oder unbewußt, durchzittern, die den neurotisch Leidenden in die Verschanzung, in die Flucht, in die Unwahrheit der starren Gebärde treiben. Die Angst, das Vermeiden, das Fliehen in all die Verhüllungen und Täuschungen letzter Illusion, die Bemächtigung auch dem Todesaspekt gegenüber, als sei er belanglos, das Anklammern an ein imaginiertes Absolutes — wir können sie alle im Unglücklichsein des seelisch Leidenden, im tiefsten Wesensgrund der Neurose als Hadern gegen die conditio humana finden.

Unter den Grundbedingungen menschlichen Seins, die dem Heilungsvorgang besondere Mühe bereiten, immer erneute Analyse der persönlichen Existenz verlangen, nennen wir auch die Grundbedingung der *Schuld*. Zwischen den psychologischen Extremen des Schuldvermeidens, um moralische Perfektion zu erreichen, und des Bagatellisierens von Schuld als einer gleichgültigen Unvermeidlichkeit für den, der Macht erstrebt, erstreckt sich eine Vielfalt von Formen; sie alle sind unterwandert von der Angst. Ist nicht jede Auseinandersetzung mit der Schuld auch eine Auseinandersetzung mit Zeit und Tod — eng verknüpft oft genug mit der Grundbedingung des Geschlechts? Neurotische Schuldgefühle können einen Menschen an den Rand des Selbstmords treiben — sind sie aber aufgelöst, erst dann tut die *Wirklichkeit* menschlicher Schuld als existentielles Problem sich auf; bisher waren es ja nur Fragen der Ichsorge. Leidender und Therapeut stehen an dieser erschreckenden Grenze. Jetzt erst gilt es zu suchen nach dem »inneren Licht«, nach dem »heilenden Heiligen«, das dem Menschen die Erfahrung schenkt, an seiner Schuld *reifen* zu können, gerade an ihr ganz Mensch werden zu dürfen.

Den praktisch breitesten Raum therapeutischer Arbeit mit dem Unglücklichsein der Neurose erfordert die Grundbedingung des *Geschlechts*, die Tatsache also, daß der Mensch nicht als Mensch schlechthin, sondern als Mann oder als Frau geboren wird. Es sind wohl die tiefsten Herausforderungen an die menschliche Identitätsfindung, die mit der Grundbedingung des Geschlechts gegeben sind. Kann denn Menschsein nur zu seiner Ganzheit gelangen in der Zusammenschmelzung dieser seiner ewig getrennten Aspekte? Es will scheinen, daß die unüberblickbar große

Zahl der Nöte und Irrungen, der falschen Lösungen der existentiellen Aufgabe, die die Grundbedingung des Geschlechtes dem Menschen stellt, das Hauptthema des neurotischen Unglücklichseins bildet. Und dies in unserer Gesellschaft, die doch das »Glück« scheinbar so leicht macht, die es jedem vor die Füße wirft, der sich danach bücken mag. Aber wie bald stolpert der, der sich gebückt hat, er stolpert beim nächsten Schritt schon. Ursprungskraft, so spürt er, Ursprungskraft der Seele und keineswegs sexuelle Potenz allein wird aufs Spiel gesetzt, wenn das »Glück« so billig zu haben ist. Denn dann verfällt die produktive, die weltumwandelnde Schaffenskraft der Liebe. Um die große *Chance*, die einzigartig dem Menschen zu seiner Identitätsfindung geboten ist, lebendige, immer tieferes Leben evozierende Liebe zu empfangen und zu schenken in der Gemeinschaft der Treue — um diese Chance *weiß* ja das Unbewußte der menschlichen Seele. Um sie kreist als um ein unerreichbares Gut das Unglücklichsein der Neurose, leugnet sie, verhöhnt sie und kann doch die brennende Sehnsucht nach ihr, die »unglückliche Liebe zur Liebe« in sich nicht ertöten. Daher eben sprechen wir vom Geschlecht als Grundbedingung der Existenz, weil es nicht nur biologischer und psychologischer Faktor ist, der jeder pathologischen Variante unterliegt, und auch nicht nur darum, weil es alle Zukunft trägt, sondern weil es den Menschen durch die mächtigste und tiefste Bewegung aller Zentren seines Wesens vor das Geheimnis des Menschseins führt, weil es Entrückung in sich birgt wie auch Verzweiflung. Immer wieder ist menschliche Sehnsucht in der Gefahr, zur Hörigkeit zu erstarren, die im täuschenden Genuß und seiner besinnungslosen Wiederholung das preisgibt, was gerade dazu berufen ist, aus der Verzweiflung am Menschsein herauszuführen. — Strahlen nicht auch die Grundbedingungen des Todes und der Zeit auf im Erlebnis von Zeugung und Geburt? Ja selbst in der Geschlechtsbegegnung, die unter Planung steht, kann die Flammenschrift der Grundbedingungen aus dem tiefen Unbewußten noch durchschimmern.

Alle Formen der Neurose haben das gemeinsam, daß der Mensch am Prozeß der Selbstwerdung von früh an gehindert worden ist, um sich bald in späteren Stadien selbst daran zu hindern. Wenn wir also das existentielle Unglück der Neurose, in der immer Schicksal und Schuld sich vielfach kreuzen und eskalieren, so weit fassen, dann kann der Weg der Heilung nur in der Auseinandersetzung des Menschen mit sich selbst bestehen, von der zu hoffen ist, daß sie zur Synthese führen möge. Nicht eine theoretische, rationale, solipsistische Sache aber kann eine solche Auseinandersetzung sein. Zu ihrer kreativen Entfaltung und Wahrheitsfindung bedarf sie der emotionalen Dualität mit dem therapeutischen Partner, der für eine Zeitlang die Welt und das Du für den Patienten vertritt. Bildet er doch den festen Bezugspol in den Gefahren dieser Reise, der, als der Nächste, der er jetzt ist, ebenso die Treue wahrt wie er auch lockenden Selbstbetrug wahrnimmt. Ist doch die Auseinandersetzung mit sich selbst ein sehr konkretes Geschehen, fernab von jeder Ausweichmöglichkeit in abstrakte Reflexion, läßt sie doch den Menschen so vor sich erscheinen, wie er wirklich ist, in Frage stellend das Bild, das er von sich hat und zu haben wünscht. In gemeinsamer Arbeit müssen die Aussagen des Unbewußten erschlossen werden, die auf diesem Wege weiterführen und die so dunkel wie evident, so offenherzig wie irreführend sein können. Ihnen gilt es, sich gemeinsam zu stellen. Immer geht es also beim Heilungsvorgang um das, was der Mensch sich selber sagt, bisher aber niemals hörte, niemals begriff, was er angstvoll oder gewalttätig abwehrte. Nicht eine Autorität, eine allgemeine Wahrheit und Richtigkeit, eine Weltanschauung oder Religion gilt es im therapeutischen Prozeß zu integrieren — es gilt nur, sich selbst zu begegnen, der »unbewußten Person«, dem eigenwilligen, dunklen Zwillings-Ich der bewußten Person.

»Du wolltest ja gar nicht das gehorsame, das angepaßte Wesen sein, der brave Sohn, die brave Tochter, als die du dich selbst verstehen zu müssen glaubtest, und das du leider auch längst geworden bist.« So spricht sie, die unbewußte Person, zu dem strebsam um ein glattes Durchkommen Bemühten. »Hast du dich nicht immer nach Echtheit, nach Stille, nach den tiefsten Ordnungen des Lebens gesehnt?«, so fragt sie den willkürlichen Verächter und hochfahrenden Übermenschen, der nach egozentrischer Laune mit allem Begegnenden umspringt. Und wieder ein anderes Erstaunen löst sie aus für den, der seine ganze Seele beschränkte auf das wissenschaftlich Erkennbare, auf logische Kategorien, der alles außerhalb dieser Liegende als überholten Standpunkt betrachtete. (»Das Numinose«, so erklärte ein junges Mädchen, »besteht lediglich in meßbaren Wellenlängen und bestimmten Ionenladungen der Atmosphäre«.) Der so Verengte erfährt u. U. ein dermaßen überlegenes Wissen und Handeln seiner unbewußten Tiefenschicht, seiner unbewußten Person, die sich unabhängig von jeder Bewußtseinslogik äußert, daß er plötzlich seiner Armut, ja der Öde seiner Seelenlandschaft gewahr werden, daß er betroffen die Leere seines Inneren bekennen muß.

Freilich bedeuten solche ersten Erkenntnisse nur die Initialzündung einer Entwicklung, die durch manche Abenteuer führen wird, durch lange Strecken, auf denen der Patient sich ohnmächtig fühlt, »das alles« über Bord werfen will; er erklärt, er könne sich nicht mehr wandeln, es sei zu spät, über ihn sei verfügt, er sei verplant, von Gott verlassen — oder in welchem Verstehenshorizont, in welcher Sprache er sich ausdrücken mag. Dann muß der Therapeut der Vertrauendere sein, der weiß, daß das innere Licht sich entzünden wird, wenn ein Mensch einmal ernstlich »auf dem Wege«, wenn er wirklich zu sich selbst aufgebrochen ist.

4. Erste Konfrontationen

Wie hören sich nun konkret die Thematiken, die Klagen und Fragen an, mit denen Menschen unserer Gegenwart den Psychotherapeuten aufsuchen? Wir wollen uns einige Beispiele solcher Spannungsfelder, die ja immer Spannungsfelder des Leidens sind, vor Augen stellen. Wir greifen einige von ihnen heraus und lassen sie in unverblümter Direktheit folgen.

»Die Gruppe, in der ich arbeite und lebe, verhärtet sich mehr und mehr zu Gewinngier und Prestigesucht. Sie verholzt, sie hat ihre ursprüngliche Idee verraten, das ist schon öffentliches Geheimnis unter uns; man betrügt die Gutgläubigen durch den noch gewahrten Schein, man lächelt über die, die es noch wirklich ernst nehmen und sich dabei seelisch zerreiben. Zeige Leistung her, durch die du Finanzen und Macht unserer Gesellschaft und auch deine eigenen hebst, alles andere ist völlig gleichgültig und uninteressant. Das ist die heimliche Devise. Aber dabei kann ich nicht leben. Sogar meine intellektuellen Kräfte versacken, mir ist oft, als bräche ich durch eine dünne Eisschicht. Zwar arbeite ich noch frenetisch, aber da dreht sich ein circulus vitiosus: da ich voller Spannungen, unzufrieden und umgetrieben bin, brauche ich mehr und mehr Zeit für das Leistungssoll; da mir keine Zeit bleibt, um einmal meine eigenständige Linie auszubauen, werde ich immer verspannter, unzufriedener und umgetriebener. Und so wird meine Leistung schließlich zur leeren Routine. Mürrisch, ausgelaugt, gehässig und völlig ohne Teilnahme trete ich vor meine Mitarbeiter hin.«
(37jähriger Professor.)

»Treffe ich mich mit einer Kommilitonin zum Essen in einem Lokal und wir sprechen über fachliche Fragen, Prüfungen, Examensscheine u. ä., so komme ich unterhalb unserer Unterhaltung nicht los von der beklommenen Frage: erwartet sie von mir, daß ich sie auffordere, mit mir ins Bett zu gehen? Das erwarten doch

jetzt immer alle, alle tun es ganz selbstverständlich; ich fange an zu schwitzen, atme nicht mehr richtig, esse nur mit Anstrengung, lasse keine Pause im Gespräch entstehen, denn dann könnte sie denken: ein langweiliger Kerl. Denkt sie das ohnehin: ein langweiliger Kerl?! Denn das ist ja heute der allgemeine Stil, das muß gleich prickeln, das muß gleich zweideutig und schnellstens eindeutig werden. Ich erlaube mir zwar noch immer, zu leben wie ich will, wie ich es für richtig halte, aber meine Verkrampfung nimmt ständig zu, oft bin ich so elend, daß ich morgens nicht aufstehen mag, alles widert mich an. Mein Ehrgeiz aber peitscht mich zu immer größeren Anstrengungen, damit ich wenigstens auffalle, imponiere, von mir reden mache. Aber ich komme nicht mehr nach und habe entsetzliche Angst, daß meine Kräfte zusammenbrechen.«
(24jähriger Student)

»Wir leben in einer Gruppen-Ehe, jawohl zu fünft. Allerdings hatten wir uns das etwas idealer vorgestellt. Die Eifersucht, die wir völlig abzuschaffen gedachten, spielt leider doch noch eine mächtige Rolle. Ich liebe eigentlich meine Freundin mehr als die Männer und sie in ihren schrecklichen Depressionen klammert sich auch immer wieder an mich an. Aber kaum ist es so weit, schläft sie mit einem der Männer. Darüber ärgere ich mich halb tot. Früher hatte ich glänzenden Orgasmus mit jedem beliebigen Mann. Jetzt erlebe ich überhaupt keinen Orgasmus mehr. Ich merke, daß ich mich nach etwas total anderem sehne, weiß nur nicht recht, was das ist. Es wird ja hoffentlich nicht etwas so Altmodisches wie eine konventionelle Ehe sein. Wir alle nehmen Drogen, über die wir auch wissenschaftlich arbeiten. Im LSD-Rausch sah ich kürzlich, wie meine leibliche Mutter mich Stück für Stück auffraß. Ich weiß ja, daß sie mich haßt ... Wie soll ich bloß aus diesem ganzen Wirrsal herauskommen?«
(28jährige Studentin)

»Ich bin von Haus aus Techniker, habe mich hochgearbeitet, ging dann ins Kaufmännische. Nach vielen Jobs arbeite ich nun seit Jahren in der Werbeabteilung der großen Industriefirma X. Mein Vater starb vor 20 Jahren in einer Nervenheilanstalt. Diagnose: Schizophrenie. Daran habe ich nie glauben können. Nein, nein, das war es gar nicht. Meine Mutter heiratete bald zum zweiten Mal, ich habe seitdem keine Beziehungen mehr zum Elternhaus und nicht einmal mehr zur Heimat, denn wir sind Flüchtlinge. Meine Frau leidet an Depressionen, es ist nicht zum

Aushalten mit ihr. Gelegentlich deutet sie sogar Suizid an. Kinder will sie nicht. In die heutige Welt Kinder zu setzen, sei ja einfach ein Verbrechen. Geld haben wir genug, wir könnten uns heute alles leisten, aber es macht so gar keinen Spaß. Diese Unruhe in mir, ich kann sie nicht beschreiben. Ich weiß, daß die Propaganda meines Werkes, unter uns gesagt, Schaden stiftet, daß sie die Leute zu ruinösen Unternehmungen verführt. Je nun, ich sehe keinen Sinn im Leben, also ist mir auch das egal. Beim Skilaufen neulich bekam ich plötzlich aus heiterem Himmel einen wahren Tobsuchtsanfall, zersplitterte meine Ski an einem Felsen und schrie auf gegen Gott, der gar nicht existiert, der solle mir doch die Verantwortung für mein Leben abnehmen. Ich treibe Abusus mit Schlafmitteln *und* mit Aufputschmitteln. Im Werk kann keiner mich leiden. Ich komme hierher, damit Sie mir die Verantwortung für mein Leben abnehmen.«
(37jähriger Industrieller)

»Das müssen Sie doch zugeben, Gott verlangt zuviel vom Menschen! Wenn ich mir vorstelle, welchen Seelenqualen er Abraham aussetzte, dann wieder Hiob, dann wieder seinen eigenen Sohn. Ein furchtbarer Sadismus, ein furchtbarer Masochismus ist es, der im Glauben der Christen steckt. Einem solchen Gott kann man doch nicht vertrauen. Ich habe mich vom Christentum abgewendet, bin aus der Kirche ausgetreten und befasse mich intensiv mit dem Buddhismus und seinen Lehren. Seit Jahren mache ich täglich meine Yoga-Übungen. Die haben mich zwar gefeit, körperlich bin ich fabelhaft fit, aber meine Einsamkeit ist trostlos — Einsamkeit außen und innen, so möchte ich sagen. Trotz Yoga und Zen-Meditation finde ich keinen Weg in eine Innenwelt, in der es sprudeln, quellen würde. Ich weiß es, ich habe kreative Kräfte, aber ich kann keine einzige Zeile mehr gestalten. In meinen Träumen irre ich geängstigt durch fremde Länder, ohne Ausweis, ohne Geld. Ehrlich gesagt, es muß ja heraus, die ganzen Yoga-Übungen mache ich nur aus Angst vor Krankheit und insbesondere aus Angst vor Krebs. Ist das vielleicht der Gott, den ich verlassen habe und der mich verfolgt? Wird er mich eines Tages einholen?«
(48jährige Künstlerin)

»Meine Leidenschaft ist das Neue. Ein neuer Geist soll einziehen. Weg mit dem Verknöcherten, mit dem faulen alten System! Aber die Alten hocken fest in ihren Ämtern, klammern sich an die Tradition, die ja kein Feuer, kein Leben mehr hergibt. Die Ju-

gend drängt sich an mich heran, ich werde zu jeder Veranstaltung gerufen, bei der man Opposition und Protestdemonstration erwartet. Und doch — besteht das alles nicht nur in Worten? In kühnen, aber hohlen Ideologien? Kann sich der Mensch überhaupt ändern? Das klingt so großartig: der mystische Gottesstaat! Das Jenseits als Diesseits! Der Himmel als das Eigentlichsein des Menschen! Im Grunde habe ich eine wahnsinnige Angst, daß sie mich eines Tages aus dem Amt werfen. Ich schlafe nicht mehr ruhig. In meinen Träumen knallt es. Da werde ich jede Nacht verfolgt. Ich bin so nervös, daß ich zweimal kurz hintereinander einen Autounfall verursacht habe. Zum Glück nur Blechschaden. Der Arzt murmelte etwas von Anzeichen einer Angina Pectoris, natürlich rein psychogen. Bin ich doch immer auf Rädern, halte oft zwei Vorträge pro Woche, vernachlässige meine Gemeinde. Aber — es wird alles zum Betrieb! Ich wiederhole Großmauliges und glaube selbst nicht mehr an das, was ich sage. Denn ich sehe ja: Der Mensch ändert sich nicht, höchstens noch besessener, gieriger wird er, aber nicht besonnener und liebender, wie ich es geträumt und gehofft hatte. Vergeblich alles Suchen nach Erlösung und Befreiung. Auch die Kirche ist nur eine vergebliche Absicherung gegen den Tod — und tötet dabei jede wahre Individualität. Ein Siechenhaus des Mittelalters hatte noch mehr Barmherzigkeit als die Konventionellen es heute für die Progressiven haben. Mitten in allem Betrieb überkommt mich das Gefühl der totalen Sinnlosigkeit, dann können mir Aggressionen und Fehlhandlungen passieren, daß mir angst und bang wird.«
(40jähriger Pfarrer)

»Sie machen sich keine Vorstellung, wie die Kinder heute sind. Vom Fernsehen sind sie so übersättigt und von zu Hause her so verwöhnt, daß sie sich für nichts mehr wirklich aus sich heraus interessieren — außer natürlich für Sport und Krimis. Disziplin gibt's nicht mehr. Die unterhalten sich in den Stunden, wie es ihnen gerade paßt. Bringe ich auch noch so wichtigen Lehrstoff, man langweilt sich und zeigt das ganz unverblümt. Jedesmal bin ich zur Engelsgeduld entschlossen, aber schließlich reißt der Faden, und ich teile Strafarbeiten aus. Dann triumphieren sie lauthals: ›Fräulein, Sie sind autoritär, damit kommen Sie bei uns nicht an!‹ Oft arbeite ich die halbe Nacht durch für eine Schulstunde, aber gegen diese Front der Gleichgültigkeit komme ich nicht durch. Dann versinke ich in Lethargie, gehe unvorbereitet hin, natürlich ist dann erst recht der Teufel los... Der Beruf, in den ich mit so viel Begeisterung ging, ist mir zum Fluch gewor-

den. Tatsächlich, ich könnte mich oft verfluchen und diese widerliche Klasse dazu.«
(30jährige Lehrerin)

Dies nur als eine kleine Palette aus der weitgespannten Thematik, die die Patienten heute zum Therapeuten bringen. Der Therapeut muß auf sie eingehen — aber nicht mit guten Ratschlägen. Nicht die Verbesserung der Gesellschaft darf sein (direktes) Ziel sein, sondern die Analyse und Heilung des Einzelnen. Woran mag es liegen, daß du scheiterst? Dein Unglück ist nicht die Gesellschaft, die Verhältnisse, die Anderen. Dein Unglück bist du selbst. Die Wurzel liegt in dir. Ihr haben wir nachzugehen. Das weiß auch der Patient sehr wohl, käme er sonst zur Psychotherapie? Aber doch wiederum will er es auch nicht wissen.

Ein Bund muß nun geschlossen werden: hier in unserer Situation kannst du alle konventionellen Schranken deines Sprechens, ja deines Fühlens und Denkens fallenlassen, was dir vielleicht erst allmählich gelingen wird. Kein Wort von dir wird auf die Waagschale gelegt. Es kann uns nur auf die gemeinsame Wahrheitsfindung ankommen.

Die Auseinandersetzung mit sich selbst verläuft in mehreren Trassen, die sich immer wieder durchkreuzen und aktivieren. Einmal ist es die eigene Lebensgeschichte bis zu ihren Anfängen, die lebendig in das Blickfeld der beiden Beteiligten treten wird. Zum anderen regt sich die Aktivität der Träume und Phantasien. Ihre sorgfältige Verarbeitung und erhellende Meditation, die Kontexte zu ihnen, die sich aus der Tiefe des Menschseins einstellen, sie erweitern den Stoff, in dem sich erkenntnissuchend das Gespräch zwischen den Beteiligten bewegt. Überdies aber tut sich auch der Raum des Mitmenschen in neuen Farben und Lichtern für den Patienten auf. Mein Nächster — sehe ich ihn überhaupt? Habe ich ihn je wirklich gesehen und gehört? Hat er nicht noch ganz andere Seiten als die, die ich unter der starren Ausrichtung meiner Affekte, meiner Pro-

jektionen, meines immer um sich selbst bemühten Ich mir
je — träumen ließ? In meiner Rolle befangen, habe ich
auch die anderen nur in ihren Rollen gesehen. Was weiß ich
von den Wegen, die mein Kind innerlich, vielleicht auch äu-
ßerlich geht? Was weiß ich von den Erschütterungen in der
Seele meiner Frau, von den Sorgen und Ängsten in der
Seele meines Mannes? Aber dieselbe Frage erstreckt sich ja
auf alle, für die ich Verantwortung trage. Versäume ich
nicht ständig das Wesentliche im Sein von Mensch zu
Mensch? Das Hinhorchen, das Offensein des Herzens? Ist
uns aber nicht für die listige Frage »Wer ist denn eigentlich
mein Nächster?« einmal eine exemplarische Antwort gegeben worden, um die keiner herum kann?

Wir dürfen wohl sagen, daß es auf keiner dieser Trassen
der Auseinandersetzung mit sich selbst, auf die wir im folgenden genauer eingehen werden, ausbleiben kann, daß der
Mensch vor die Grundbedingungen alles Menschseins gerufen wird — gerufen wird von sich selbst. Immer wieder
wird sich die Grenze blitzartig erleuchten, an der alles
Fragen ins Dunkel greift, an der sich aber auch das innere
Licht der Seele entzünden kann. Wenn hier kreative Entwicklung und Entscheidung entsteht, dann ist der Heilungsvorgang im Werden begriffen.

II. Die Auseinandersetzung mit sich selbst und der Welt

1. Auseinandersetzung mit der Lebensgeschichte
Die Aufgabe inneren Handelns

»Wenn ich doch nur meine ganzen bisherigen Schicksale abschneiden, wenn ich heute auf dem Punkt null anfangen könnte! Am besten ist doch wohl ein totales Vergessen von all dem, was eben unabänderliche Fakten der Gewesenheit sind, und einfach nur noch nach vorwärts blicken. Die Ehe meiner Eltern war nun einmal eine Katastrophe, und ich trage die Folgen, das ist wie ein Fluch über mir. Aber eben diese Gesetze möchte ich in meinem Bewußtsein durchstreichen.«

So äußert sich ein 35jähriger Angestellter.

»Ja, nun *sind* Sie aber doch der, der aus diesem Schicksal hervorgegangen ist und zu dem geworden ist, als der Sie nach vorwärts blicken. Daß es einen Punkt null nicht geben kann, wissen Sie ja doch selbst. Aber ob ein neues ›Geborenwerden‹ ganz leise und allmählich durch Ihre eigene Arbeit entstehen kann, dadurch nämlich, daß Sie die ›Gesetze‹ Ihres Lebens zu Ihrer ›Geschichte‹ werden lassen, in der noch unentfaltete Möglichkeiten liegen, das steht zur Frage.«

»Dann müßte ich ja ein Gott sein.«

»Oh nein, durchaus nur ein Mensch. Aber nichts verbietet es einem Menschen, es als Geschenk, es als Freude zu erleben, wenn eiserne Ketten zerspringen, die er doch selbst zu durchfeilen hat.«

Die Schwierigkeiten des Sichselbstannehmens, und doch zugleich auch Sichselbstgestaltens wird in jeder Anamnese aktuell. Diese Schwierigkeit ist im Grunde gar nicht zu lösen ohne eine Weitung der Seele, ohne ihr Offenwerden in die Transzendenz unseres Seins. Nicht an Religion oder religiöse Vorgänge im engeren Wortsinn soll dabei gedacht werden. Aber mit Erschütterung wird sich der Mensch der Wahrheit bewußt, daß Schicksal und Freiheit im Kern seines Wesens verbunden sind. Wir werden zu uns selbst verdammt, doch wir werden uns auch geschenkt. Aber wiederum: um uns geschenkt zu werden, müssen wir, nach einem Wort von Karl Jaspers, auch so *sein*, daß wir uns geschenkt werden können. Wer sich in die Abwehr gegen das Leben, in die Abwehr gegen den Impetus der Reifung verbeißt, der schließt sich selbst in die enge Röhre ein, die in Träumen so oft als Symbol erscheint, als Symbol öder Festgelegtheit bis zum Tod.

Nicht als eine Bestandsaufnahme von Fakten haben wir uns die Anamnese im therapeutischen Arbeitsprozeß zu denken. In manchen Fällen gleicht sie wahrlich einer Höllenfahrt. In allen Variationen erleben wir dabei auch begleitende Träume, die einen Abstieg in chthonische Tiefen darstellen können, aus denen dem Träumer das Ungeheuer entgegenkommt. Aber auch die aufquellenden Erinnerungen selbst führen oft an die Grenze dessen, was ein Mensch integrieren kann.

»Mein Vater hat meine Mutter seelisch umgebracht, und dessen war ich schon in meiner Kindheit ein fatal wacher Zeuge. Mit dem Verstand freilich begriff ich das erst viel später. Aber ganz zerreißend gefühlt habe ich es schon als sehr kleines Mädchen. Einmal, ich mag vielleicht drei Jahre alt gewesen sein, saß ich mit meinem Vater alleine am Tisch, als meine Mutter gerade weinend das Zimmer verlassen hatte. Ich blickte den Vater an. Auf einmal brüllte er: ›Was hast du mich so anzuglotzen! Hinaus mit dir!‹ Verstört lief ich hinaus. Warum nur, warum hat meine Mutter sich nicht ganz anders zur Wehr gesetzt? Warum hat sie sich nicht das Leben genommen.«

»Sie hat es nicht getan – aber haben Sie es nicht stellvertretend für sie getan durch Ihre Negation aller Hoffnung?«

Der Vater, um den es in dieser Szene geht, war ein bekannter, in hohen Ämtern stehender Mann des politischen Lebens, besonders hervorragend durch seine ethisch soziale Wirksamkeit, durch den erzieherischen Appell an das Gute im Menschen, der von ihm ausging. Keiner seiner Mitarbeiter und Kollegen hat je in die Seele dieses Mannes geblickt. In der Anamnese eines Menschen, in diesem Fall also der Tochter des Politikers, aber blendet die menschliche und mitmenschliche Wirklichkeit schonungslos auf. Was nie ein Blick von außen wahrnehmen kann, tritt hier, wenn auch mit den subjektiven Erlebnisqualitäten des Patienten ausgestattet, mit Evidenz ins Licht. Was ein großer Dramatiker, durch die erschließende Energie seiner Intuition erfaßt – hier in der Anamnese quillt es als Rohstoff des menschlichen Seins und Mitmenschseins hervor: die Leidenschaften und Besessenheiten, die schleichende Vernichtung, die Menschen einander antun, ihr Absacken in sinnverlassene Angst, in der sie sich aneinanderklammern, ihr fürchterliches Richten und Rechthaben, der mürrische Stumpfsinn, in dem alles lustvoll Schöne untergeht, die Vögel nicht mehr singen, die Bäume nicht mehr rauschen. Das Werdende aber, das Kind, partizipiert an diesen existentiellen Veränderungen und Zerstörungen. Sie bilden die Atmosphäre, in der die Struktur der Neurose entsteht; sie wirken sich aus im »*Humanfeld*«, wie wir die frühe seelische Umwelt des werdenden Menschen bezeichnen. Es kann auch die undramatische Verödung, die schaurige Langeweile sein des umeinander so besorgten, stets auf Schonung bedachten »Schein-Wirs« (Fritz Künkel), in dem nie ein heftiges Wort fällt, aber auch kein positiver Kampf die Entwicklung der Partner aneinander evoziert, und wo die Ehe nichts ist als ein langsames, aber sicheres Erlahmen des Geistes und des Herzens. Auch ein solcher Fundus kann im Kinde die Lebensabwehr und die Lebensangst der Neurose erzeugen.

Daß der Patient, der in diese tiefen Schichten seines Lebens hinabsteigt, eines Mitmenschen bedarf, ist wohl einleuchtend. Nicht irgendeines, der sich »das alles« mit Neugier und Distanz anhören würde; da käme ein Prozeß der

Auseinandersetzung mit sich selbst nicht in Gang; aber auch nicht eines, der nur »machen« will, der nach erlernten Regeln routinehaft analysiert — sondern eben des therapeutischen Mitmenschen, der weder in Mitleid zerfließt noch mit belehrender Kälte Schlußfolgerungen zieht. Was nottut, ist eine tapfere und wissende *Solidarität*, in der der Therapeut seinen Partner spüren läßt, daß er alles ihm Anvertraute in sein eigenes Menschsein hineinnimmt, daß es ein Aufmerken in ihm wachruft, das nun auf dieses Leben, das seines Patienten, gerichtet sein wird.

In jeder Anamnese gibt es die Punkte, an denen, unhörbar zwar, aber ebenso unüberhörbar, eine »*Alarmglocke*« ausgelöst wird. Ein neuer und überraschender Aspekt tritt an das bisherige Selbstverständnis heran und stellt es in Frage. Der Abgrund der Identität wird gefühlt, obwohl er nicht jedem als solcher bewußt wird. Was aber jeder in der gemeinsam erlebten Anamnese an solchen Punkten erfährt, ist das: in seinem Leben gab es *Weichenstellungen*, an denen die Richtung statt in Freiheit in Unfreiheit, statt in Offenheit in Verschlossenheit, statt in Produktivität in seelische Resignation und Trägheit geführt hat. Statt echten Liebenkönnens entstand die Subalternität vor dem Mitmenschen. Wer hat die Weichen gestellt? Ein Gott? Das Schicksal? Die Eltern? Ich selbst?

»Als meine Eltern, brave Bauersleute, mich einmal auf der Internatsschule besuchen kamen, ging ich gerade mit einem Trupp von Mitschülern im Städtchen spazieren und erblickte plötzlich meine Eltern auf der anderen Straßenseite. Auf einmal schämte ich mich ihrer. Mein erster Impuls, zu ihnen hinzustürmen, wurde plötzlich abgewürgt durch den feigen Gedanken, die Kameraden mit ihren so viel eleganteren und gewandteren Eltern könnten einander anstoßen, könnten lachen. Und ich ging so in dem Trupp weiter, daß meine Eltern mich nicht sehen konnten. Diesen Moment werde ich nie im Leben vergessen. Warum nur, warum siegte in mir nicht einfach die Freude, einfach das spontane erste Gefühl? Warum konnte ich mich nicht einfach zu ihnen bekennen? Und so ist es geblieben mein ganzes Leben lang bis heute. In jeder Situation klappt diese automatische Klammer um mich zusammen: was denken die Leute von mir? Wenn ich allein durch die Straßen gehe, so denken sie – vielmehr ich denke, daß sie denken –: warum hat der wohl kein Mädel am Arm? Gehe ich aber mit einem Mädchen, dann denken sie natürlich sofort: aha...«

Die Szene, die der Patient erinnert, hatte natürlich eine lange Vorgeschichte, auf die es uns jetzt nicht ankommt. Für ihn schoß in diesem Bilde einfach alles zusammen, was ihn je in innere Abhängigkeit gebracht, ihn des Freimuts und der inneren Spontaneität des Herzens beraubt hatte.

Was an solchen Punkten der Anamnese sichtbar wird, ist gerade die für alles Menschliche so charakteristische Koinzidenz von Fatum und Gewissen. Der Therapeut hat weder die Aufgabe, zu beruhigen noch aufzuwühlen. Wenn anders man nicht sagen will, daß sich diese beiden Strebungen im therapeutischen Prozeß als solchem vereinigen. In der Anamnese fällt nun einmal der Blick eines Zweiten auf dasselbe »Objekt«, und was vordem flächig gesehen wurde, wird nun quasi räumlich gesehen. Mit anderen Worten, es tritt eine Dimension hinzu und mit ihr auch ganz andere »Bestrahlungen«; andere Sinnzusammenhänge tun sich auf, und damit ist die Auseinandersetzung des Patienten mit sich selbst in Gang gekommen. (Bringt sie nicht immer auch eine neue Selbstbefragung des Therapeuten mit sich? Denn welcher Therapeut könnte von sich sagen: eine solche Lieblosigkeit hätte mir ja nie passieren können!)

In solchen schmerzlichen Momenten besteht der heilende Überschritt im Erlebnis der Bejahung, sofern die verborgene Identität der Patienten ihr entgegenkommen kann. Vom Therapeuten bejaht, darf ich mich auch selbst bejahen, trotz allem. Mein Menschsein schlechthin, ich kann, darf es annehmen in seiner Komplexion von Schuld und Freiheit, und somit fühle ich, daß ich nicht unlösbar gebunden bin. Habe ich bisher immer so reagiert wie damals auf der Straße des Städtchens, nämlich dem Kollektiv unterworfen, hörig der Meinung der anderen, zu feige vor mir selbst, so weiß ich plötzlich: ich kann ja auch anders, es kommt auf den Versuch an.

So stellt die Anamnese, die in ständiger Differenzierung die gelebten Augenblicke wiederholt, eine kreative Wandlung im Selbstverständnis eines Menschen dar. Damit aber kann sich das traurige Gefühl von Zukunft als einem mir Verhängten, einer Sackgasse, einer ständigen Verengung verwandeln in ein Kommen von Möglichkeit, in das Aufgehen von Hoffnung.

»Als Kind wurde ich für meine Sanftmütigkeit gelobt. ›Der Junge ist Gold, wie der seiner Mutter schon hilft, ganz im Gegensatz zu den beiden kleinen Schwestern, den wilden Dingern.‹ Dabei aber konnte ich Anfälle von tobendem Jähzorn haben. Zwar ging ich niemals auf jemanden los oder schmiß eine Tasse auf den Boden. Vielmehr schlug ich mit dem Kopf an die Wand. Das wurde nie ernst genommen. Noch heute höre ich den spöttischen Ton in der Stimme meiner Mutter: ›Ja, schlag das böse Köpfchen nur fest an die Wand, dann wird es schon wieder gut werden.‹ Nur in extremen Fällen konnte sie in einer plötzlich ganz anderen Tonlage sagen: ›Der Junge wird noch mal wie der Alte!‹ Womit mein Vater gemeint war. Dann war der Ton ihrer Stimme, war ihr Blick so entsetzt, daß ich augenblicklich Vernunft annahm. Und nun war ich wieder ihr Sanfter, was für mich Süßigkeit und Wut in einem bedeutete. Dem Kämpfen mit anderen Kindern und überhaupt Schwierigkeiten körperlicher Art ging ich stets aus dem Wege, wobei meine Mutter mir beistand. So schrieb sie mir Entschuldigungen für Turn- und Sportnachmittage, vor denen ich eine maßlose Angst hatte . . . Noch heute habe ich immer das Bedürfnis zu vermitteln. Harte Dissonanzen kann ich nun einmal nicht vertragen. Aber in Wahrheit, das weiß nur keiner, bin ich ein Dampfkessel voller Aggression. Die scheußlichsten Phantasien fallen mich an, immer im ungeeigneten Moment. Wenn ich ein zart gebautes Mädchen umarme, spüre ich plötzlich die Lust, sie totzudrücken, wenn ich einem kleinen Kind die Hand auf den Kopf lege, kommt der verrückte Impuls in mir hoch, das dünne Schädelchen zu pressen, bis es birst. Lese ich in der Zeitung von Morden, von zerstückelten Leichen, so schleicht eine grausige Wonne mich an. Ich möchte mir das eigentlich genau ausmalen, aber natürlich verbiete ich mir solche Phantasien sofort. Aber eine unheimliche Angst sitzt in mir, es könnte mich eines Tages überwältigen. Dabei greife ich niemals direkt an, gelte im Kollegenkreis als ein denkbar gutmütiger Mensch. Dafür ist das Karikieren meine Stärke. Damit habe ich denn doch schon manchen aufs Kreuz gelegt.«

In der therapeutischen Situation dürfen die destruktiven Phantasien des Patienten uneingeschränkt zu Worte kommen. Wir können es uns nicht ersparen, den seltsamen Wüterich, als den seine »Nachtseite« sich zu erkennen gibt, voll und ganz in den Blick zu nehmen. Die Bedeutung der Träume und die Bedeutung der Übertragung ist dabei von entscheidendem Gewicht. Mit langem Spannungsbogen, mit langer Geduld ist der Moment abzuwarten, in dem der Therapeut sagen kann: »Wenn Sie sich vorstellen, den Kopf eines Kindes zu zerdrücken, sind Sie dann nicht etwa jenes Kind, zu dem die Mutter so gleichmütig sprach: ›Schlage das böse Köpfchen nur an die Wand?‹ Ohnmacht und Erbitterung, Wut und Liebe, der dunkle Wunsch, in einem Chaos unterzugehen, brodelte das damals nicht genauso in Ihnen wie heute? Nur ist das ohnmächtige Kind, das Sie damals waren, inzwischen erwachsen und gefährlich geworden. Was fangen wir jetzt mit ihm an?«

Wenn die Konfrontierung mit sich selbst, und das heißt in diesem Fall mit dem »Schatten« (C. G. Jung) oder gar mit dem eigentlich Bösen, zum Töten Bereiten, akut geworden ist, dann muß die Konfrontierung mit sich selbst zur Auseinandersetzung mit sich selbst werden. Es leuchtet ein, daß diese nur Schritt für Schritt, in kleinen und gründlichen Reifungsvollzügen weitergeleitet und vom Patienten geleistet werden kann.

In jeder Lebensgeschichte treten Brennpunkte hervor, an denen einstens Urvertrauen zerstört wurde und ein Rückzug der kindlichen Persönlichkeit in Angst und in Sicherungsmechanismen erfolgt ist. Ob dieser Rückzug sich unter den fortschreitenden Erlebnissen des Kindes umsetzte in ein totales, vielleicht kaschiertes Mißtrauen, ob chronischer Trotz als Reaktionsbasis sich ausbildete oder eine angsthafte Überanpassung erfolgte, um ja nicht Schutz und Gunst der Umwelt völlig zu verlieren, das hängt von vielen Faktoren des Humanfeldes und den schicksalsmäßigen Bedingungen des Kindes wie auch von seinen natürlichen Anlagen und seinem vitalen Typus ab. Was aber jetzt in der Behandlung mit aller Klarheit herausgearbeitet werden muß, das ist die *Aufgabe*, die dem Patienten selbst zur Überwindung seiner Neurose zufällt. Bedeutet doch Psychotherapie Arbeit, inneres Handeln für beide Beteiligten. Der Patient muß wissen, daß er nicht Objekt therapeutischer Maßnahmen ist, daß die Verantwortung für seine Heilung zu gleichen Teilen bei ihm selbst und beim Therapeuten liegt. Die existentielle Aufgabe, um die es nun geht, wird bald genug klar hervortreten. Wie sie lautet, wie sie gefaßt werden muß, hängt freilich von den Individualitäten ab. Sie besteht immer nur in einem ersten Schritt, der zu weiteren und immer weiteren Schritten führen will. So kann der erste Schritt etwa lauten: Laß dich einmal von der Schönheit des Morgensterns berühren, wenn du vom Nachtdienst nach Hause gehst, und vom Glitzern des Flusses unter den uralten Weidenbäumen. Oder: Versöhne dich mit deinem Leib, gib das Hadern mit ihm auf; versöhne dich mit deinem Geschlecht, mit deinen furchtbaren Eltern, mit deinem eigenen bisherigen Versagen; laß das Recht des Anderen, etwa deines Ehepartners, deines Sohnes, deiner Tochter, gelten, kümmere dich um *sein* Glück; laß dich nicht weiter manipulieren von anderen, aber manipuliere du sie auch nicht, mache sie nicht zum Objekt deiner geheimen Bedürfnisse. Passe dich nicht ständig Erwartungen an, von denen du nur meinst, daß sie auf dich gerichtet seien, im Physischen wie im Geistigen. Wage es, auf dir selbst zu stehen, du selbst zu sein; erlaube deinem wahren Gefühl, mitzuspielen, denn die starre Rolle, die du vorkehrst, tötet alles Spontane ab in dir selbst und in den Anderen; wage es, unvollkommen zu sein, angewiesen zu sein, denn die Perfektion, die du erstrebst, isoliert dich nur; glaube an deine kreative Möglichkeit, laß sie ihren Weg finden.

Solche »Aufgaben«, die ja nicht der Therapeut stellt, sondern die sich aus der Auseinandersetzung des Patienten mit sich selbst ergeben, hören sich einfach an, sind es aber keineswegs. Mit Worten können sie wohl klar formuliert werden, aber der geschichtliche Mensch ist eben auch der »geschichtete« Mensch. Wenn die Aufgabe in einer Schicht unseres Wesens akzeptiert worden ist, macht eine tiefere Schicht sich geltend, in der wir uns um so mehr gegen sie verkapseln. Der Widerstand zieht sich gleichsam nach innen zurück. Wir reagieren zwar vielleicht nun weniger »neurotisch«, aber im Grunde haben wir uns noch lange nicht versöhnt mit der menschlichen Existenz, hadern wir weiter durch Freudlosigkeit und durch Trägheit oder auch durch »Heiligkeit« — durch lieblose Anmaßung dem menschlichen Seinsschicksal gegenüber. Angesichts all des Unheils in der Welt, der »Verfehltheit« des Menschen, der »Mächte der Finsternis«, können wir einfach nicht »einstimmen«.

Der Weg der Auseinandersetzung mit sich selbst kann also nur ein Weg durch immer neue Krisen sein. Jede von ihnen aktiviert Angst, Untergangsangst, Angst vor dem Alleingelassenwerden, vor der Sinnlosigkeit. Früheste Verlassenheitsgefühle, ein Nachhall von einstens in der Frühzeit erlebtem Verrat, machen sich geltend und wehren die *Wandlung* ab. Denn Wandlung stellt Weichen um, läßt neue, unbekannte Zukunft auf den Menschen zukommen. Wandlung taut den Ackerboden auf, in dem die Saat eingefroren war. Wandlung rückt die Vergangenheit in ein anderes Licht: ich war trotz allem viel freier, als ich mir im Unglücklichsein meiner Neurose zugab. An mancher Stelle meines Lebens hätte ich auch anders »antworten« können. Schuld, aber nicht im moralischen, sondern im existentiellen Sinn, das Sich-der-Welt-schuldig-Bleiben, will verarbeitet werden. Wandlung läßt aber auch die nächsten Menschen in anderem Lichte erscheinen: auch sie könnten sich nämlich schon längst verändert haben, während ich sie unbelehrbar als die gleichen betrachte und behandle. Unsere Wahrheitsverpflichtung ihnen gegenüber ist größer, als wir bisher dachten, unsere Liebe zu ihnen darf sie uns tiefer erschließen, was sowohl Schmerz wie Glück, Umsturz wie echte Kommunikation mit sich bringen kann. Aber auch die Fernsten sind ja die Nächsten, die Verbrecher, die Geisteskranken, die Notleidenden, die Hungernden, wo immer der Erdball sie trägt. Habe ich es mir nicht zu bequem gemacht? Ist mir je aufgegangen, was mein eigenes Dasein, mein Ich-Sein, eigentlich meint? Wer bin ich? Wer bist du?

Die »Aufgabe«, scheinbar leicht mit dem Verstand zu formulieren, sie reicht in ein unendliches Geflecht hinein und hinab. Und doch steht sie auch wieder ganz klar und einfach vor dem Auge. Schon in der nächsten Situation meldet sie sich von innen an. Ich kann so reagieren, so sein, so fühlen und handeln wie bisher immer. Aber — ich kann auch anders.

2. Auseinandersetzung mit dem Unbewußten
Die Sprache des Traumes

Wie oft sagt uns ein Patient, daß er sich nach einem Wunder sehne, wodurch er mit einem Schlage ein völlig Neuer werden würde, befreit von allen Fesseln der Neurose. Dabei aber wundert er sich gar nicht über die unzähligen kleinen Wunder, die sein Unbewußtes ihm in Gestalt seiner Träume zusendet und die oft genug die Absicht zu haben scheinen, auf jenes »Wunder« hinzuwirken. Nicht »mit einem Schlage« kann es freilich stattfinden, eine Entwicklung nur kann sich anbahnen, die so gar nichts Mirakulöses an sich hat. Wenn aber das Staunen seit Aristoteles als der Anfang der Erkenntnis gilt, so darf man wohl sagen, daß der neurotische Mensch in der Analyse das Staunen lernen könnte. Freilich, auf den kreativen Einsatz des Therapeuten kommt es dabei auch entscheidend an. Wo den Träumen feste Schemata angelegt werden, da werden sie in ihrer Lebendigkeit erdrückt, oder es wird ihnen zum mindesten schwer gemacht, ihre helfende Dynamik voll zu entfalten, in den schöpferischen Austausch mit dem Bewußtsein einzuschwingen, der den Heilungsprozeß in die Tiefe treibt.

Nun ist bekanntlich die Interpretation von Träumen eine umstrittene Sache in der Tiefenpsychologie, bei der es wesentlich auf den Verstehenshorizont, auf das Menschenbild ankommt, von dem der Therapeut ausgeht. Gehört es doch gerade zum Wesen des Symbols, in verschiedene Dimensionen der menschlichen Existenz einzustrahlen, um sie im Bilde zusammenzufassen. So zeigt sich bei den wissenschaftlichen Kontroversen über die Deutung eines Traums oft, daß die Auffassungen sich nur scheinbar widersprechen, in Wirklichkeit sich aber ergänzen, um eine gemeinsame Achse kreisen. Wesentlich aber scheint es uns, daß der Traum nicht benutzt wird, um eine Theorie zu beweisen, sondern daß *die* Züge des Traumgeschehens herausgearbeitet werden, die für das Suchen des Leidenden nach Selbsterkenntnis und Selbstwerdung fruchtbar sind. Doch soll uns diese theoretische Problematik hier nicht weiter beschäftigen.

Hingegen sollten wir uns klarmachen, welch großes Vertrauen schon dazu gehört, die Aussagen seines Unbewußten einem anderen Menschen voll zu eröffnen. Damit überliefert sich ja der Analysand seinem Partner mehr, als er selbst zunächst ermessen kann. Kennt er doch sein eigenes Unbewußtes nicht oder nur partiell. (Und selbst wenn er Bücher über Traum und Traumdeutung studiert hat: der Hand des Intellekts entgeht meistens das Eigentliche.) Aber auch den Therapeuten »kennt« er ja nicht, weiß nicht, in welchen inneren Räumen das widerhallt, was er preisgibt. Und außerdem: Gegenständlich objektivierbar ist ja von diesen Phänomenen nichts, weder der Traum des Patienten noch die Schau, die der Therapeut davon gewinnt. Einen Traum können wir nicht unter das Mikroskop legen. Was sich da also existentiell begibt in unserem Zeitalter der Technik, der Maschine und des Computers, ist eigenartig genug: stellt es doch gleichsam das andere Gesicht zu dem offiziellen Gesicht der Zeit dar. Mancher Patient ist freilich der Ansicht, sein Unbewußtes werde ihm nun nach wissenschaftlichen Regeln und in wissenschaftlicher Methodik zur Verfügung gestellt. Diese Hypothese pflegt nicht lange zu tragen. Wer sich dem Traumleben wirklich stellt, begibt sich — wenigstens nach C. G. Jungs Auffassung, der wir zustimmen — ins Gebiet der Urerfahrung, er betritt unbetretenes Land. (Was du geträumt hast, hat noch nie jemand geträumt, und wird nie jemand träumen, auch du selber nicht, so wenig du in dieser Minute der »gleiche« bist wie in der nächsten.)

Schon bald nach Beginn einer Behandlung nimmt die Betrachtung und Befragung eines Traumes, die Vertiefung in den Traumprozeß die Aufmerksamkeit der Beteiligten in Anspruch. Natürlich ist dies bei jedem Einzelnen ein sehr verschiedenes Geschehen, verschieden nach Fülle, Plastizität, Symbolkraft der Bilder. Jedenfalls »merkt« der Patient bald, daß die Träume Abkömmlinge sind aus tieferen Zentren seines Wesens und hineinsprechen in die Schwierigkeiten, mit denen er ringt. Er versteht, daß er sich mit seinen Träumen auseinanderzusetzen hat, oder auch, daß sie sich mit ihm auseinandersetzen. Die unbewußte Person, die er selber auch ist, die im Schatten des bewußten Ich liegt, und auf dieses doch einen heimlich-unheimlichen Einfluß ausübt — sie appelliert, sie verlangt jetzt gehört zu werden vor dem Forum des Bewußtseins. Indem ihm dieser Tatbestand klar wird, fängt der Patient auch an zu begreifen, daß nicht eine Autorität von außen, daß weder Philosophie noch Christentum, weder Marxismus noch Buddhismus zu seiner Heilung notwendig sind, sondern daß es in erster Linie auf die Integration seiner unbewußten Intentionen, besser gesagt: auf das In-Einklang-Kommen mit dieser seiner unbewußten Person ankommt. Philosophie und Christentum, politische Theorien wie auch religiöse Weisheitslehren können nämlich erst wirklich *erschlossen*, in ihrem Wahrheitskern überhaupt erst vernommen und gehört werden, wenn die verdunkelnden und verdrängenden Tendenzen des Bewußtseins gegenüber dem Unbewußten aufgehoben worden sind. Solange das nicht der Fall ist, kommt jede große Wahrheit, kommt jedes offenbarende Wort schief beim Menschen an, ja er knickt, verfälscht und mißbraucht es, und dies oft durch Jahre und Jahrzehnte.

Die therapeutische Arbeit mit den Träumen gehört zur »Kunst« und zum persönlichen »Charisma« eines Therapeuten. Während der Analysand seinen Traum erzählt, blickt der Therapeut mit der ihm eigentümlichen »Zusammenschau«, indem er den Traumvorgang verfolgt, zugleich in das Leben des Partners hinein und hat auch der Thematik entsprechende frühere Träume des Erzählenden innerlich präsent. Je mehr ihm aber zugleich auch der tiefe Raum der Symbole und Mythen, der Sinnbilder und Urbilder der Religionen und der Kunst offensteht, desto fruchtbarer kann die Analyse werden. Wo dann das Gespräch über den Traum ansetzt, hängt zunächst von den Einfällen des Träumers zu den Komponenten oder zum Ganzen seines Traumes ab, hängt ab von der ersten, noch naiven Deutung, die der Träumer selbst mitbringt, von den Fragen, in die der Traum ihn stürzt; es hängt ab von der gesamten Stimmung, die das Traumgeschehen in ihm auslöst. Eine weite Skala spannt sich da aus: vom Verdruß über sich selbst bis zur Ahnung, daß Neues und Wunderbares sich ankündigt, von der erschrockenen Flucht vor sich selbst bis zu eitler Genugtuung, wieviel Interessantes da doch zum Vorschein komme, vom müden Gleichmut: ach, es ist ja doch immer dasselbe, bis zur großen Ergriffenheit kann die Skala dieser Gestimmtheiten sich erstrecken.

Der Therapeut kann den Traum aufmerksamer betrachten als der von ihm noch benommene Träumer. Er sieht ihn vor anderen Hintergründen und bemerkt zugleich auch die Züge, die der Träumer selbst nicht beachtet hat. Nun kommt es zu einer Art meditativer Besinnung zwischen beiden Beteiligten, einer meditativen Besinnung, die sich gleichsam in konzentrischen Kreisen weitet, und die mehr oder weniger im Gespräch verbalisiert werden kann. Meditativ heißt hier einfach: in die Mitte führend, das Wesentliche des Phänomens, das ja oft genug nicht auf eine Formel gebracht werden kann, umspielend, kreative Arbeit der Seele auslösend.

Jeder Traum enthält eine *Frage an die Person des Träumers*. Eine Frage ist es, die er sich selber stellt, die aber in einer »Fremdsprache« gesprochen ist. Der Therapeut hilft nur, diese Frage zu »übersetzen«, sie klar herauszuarbeiten und die Richtung zu erspüren, in der »Antwort«, und das heißt Reifungsbewegung liegen könnte. Ob der Traum nur in ein paar Worten besteht oder in einem unbegreiflichen Bild oder in einer komplizierten Szenenfolge — jedesmal kommt es darauf an, ihn so zugänglich zu machen, daß eben jene »Frage«, die er stellt, hörbar und verstehbar wird; daß ein Stück existentiellen Lernens durch ihn aktiviert wird und damit eine Verfeinerung von Auge und Ohr für bis dahin verschlossene Farben, Töne und Wertigkeiten von »Welt«. Die innere Struktur der Apperzeption differenziert sich. Das kann im Bezug auf den Träumenden selbst, im Bezug auf seine Mitmenschen, vielleicht auf einen bestimmten Mitmenschen geschehen. Ob es dann also geboten ist, die Gestalten und Figuren des Traumes als verkörperte Wesensseiten und Charakterzüge des Patienten selbst zu verstehen, oder ob gerade die Art und Weise seines kommunikativen Bezuges durch den Traum beleuchtet werden soll — das wird stets abhängen von der aktuellen Problematik, in der der Träumer sich zur Zeit seines Traumes befindet.

Um nicht zu lange abstrakt zu bleiben, vergegenwärtigen wir uns jetzt einige konkrete Beispiele.

a) Der Hippie auf dem Flugplatz

Ein junger Beamter, die Korrektheit in Person, karrierebeflissen, verheiratet, in denkbar geordneten Verhältnissen lebend, träumt:

»Ich befinde mich auf dem Flugplatz und warte auf die Ansage des Flugzeugs. Vor mir steht ein leerer Gepäckwagen, mit einer Plane bedeckt. Plötzlich zieht jemand die Plane weg. Ein grauenhafter Leichnam kommt zum Vorschein. Man weiß nicht, ob Mann oder Frau, ob jung oder alt. Der Leichnam ist nackt, hat wallendes Haar und trägt auffällig reichen Schmuck, besonders um den Hals und an den Ohren... Ein Hippie! Wie ich noch erstarrt dastehe, erhebt er den Oberkörper und schlägt heftig mit bei den Armen um sich.« Damit ist das Bild verschwunden.

Der junge Mann, der sehr intelligent und sehr sensibel, aber zu einseitig mit allen seinen Kräften auf das Fortkommen im Beruf festgelegt ist, fühlt sich recht peinlich von dem Traum berührt. Daß er aber das Traumbild nicht einfach beiseite schieben, als irrationale, launische Welle im psychischen Ozean überhören kann, (womit also die Plane wieder über den Gepäckwagen gebreitet würde), das weiß er deutlich. Aber was nun tun? Wie denn nun also »sich auseinandersetzen« mit einem solchen Traum? Bin ich dieses greuliche Wesen da, bin ich ein elender Leichnam, ein Androgyn oder gar vielleicht homosexuell, verdeckt und aggressiv — ein Hippie oder gar ein Anarchist?

Nun, etwas wirst du wohl damit zu tun haben, sonst hätte dein Unbewußtes diesen Traum nicht produziert. Du hast ihn also selbst produziert. Natürlich »bist« du es nicht — und doch könnte sich etwas von dir da enthüllen, wovor du, vielleicht viel früher einmal, den Riegel vorgeschoben hast?

Es bricht nun eine Flut von Erinnerungen in dem Patienten auf. Ja, in meiner Pubertätszeit noch, da war ich romantisch, da las ich Eichendorff, da träumte ich von Abenteuern und Fahrten, da sehnte ich mich in unbekannte Fernen. Und in meiner Kindheit, wie gern ging ich da in den Wald, wo er am tiefsten und grünsten war. Aber mein Vater, ein rechtlicher Beamter, kannte besonders in seinen späteren Jahren nur die bürgerliche Ordnung, die Pflicht und auch das Geld als seine höchsten Werte.

Früher ist er gewiß einmal ganz anders gewesen. Sexualität und Erotik waren in meinem Elternhaus streng tabuiert. Aber dann, ich weiß nicht wie, wurde es mein eigener Ehrgeiz, das Studium so rasch wie möglich und mit den besten Examina zu bestehen. Stellung, Hochkommen, Geld! Wenn ein anderer in meinem Alter es weiter gebracht hat als ich, packt mich sofort ein Gefühl des Neides.

Sehen wir uns einmal den toten Hippie an, der ja gar nicht tot ist. Ein Blumenkind, und in jeder Beziehung das krasse Gegenstück zu allem, was Sie selbst in Ihrem Bewußtsein und in Ihrer sozialen Rolle verkörpern. Sicher ein Wesen voll Fragwürdigkeit, gemessen an den etablierten

Werten der Gesellschaft. Aber »meint« der Hippie, selbst wenn er real daran scheitert, nicht etwas von Weltvertrauen, von kindlicher Offenheit und Liebe von Mensch zu Mensch, vom Spielerischen im Dasein. Will er in seiner Unbehaustheit, seiner Bedürfnislosigkeit, seinem Wandern und Musizieren nicht Hinweis sein — ja, worauf wohl?

Der Patient, in einer kühlen und rationalen Religion erzogen, die er längst ad acta gelegt hat, denkt nach. Der Traum löst einen Denkprozeß in ihm aus, der aber nicht nur in rationalen Erwägungen besteht, sondern allmählich übergeht in jenes existentielle Lernen, das die starren Kategorien öffnet, die ihn gefangen halten. Hätte er also gleichsam den »Hippie in sich« anzunehmen, den er selbst vor langer Zeit begraben hat, und mit ihm auch das »anarchische« Element, das durch den Hippie repräsentiert wird? Nicht daß er, der so tüchtige, der »zu den besten Hoffnungen Berechtigende«, jetzt urplötzlich aus allen Ordnungen ausbrechen sollte. Das meint der Traum ja nicht. Es geht allein um das *Zulassen* der anderen Möglichkeiten und Kräfte in sich selbst, die zwar stören, aber doch von einem so weit lebendigeren Leben zeugen.

Natürlich kann die Fülle der psychologischen Details, die in einem solchen Traum noch mit zur Debatte gestellt sind, hier nicht erörtert werden. Es kann uns nur auf die Konfrontierung des Bewußtseins mit dem »ganz Anderen« in der eigenen Tiefe und auf die Heilungsintention, die Intention der seelischen Weitung und Umwertung ankommen, die durch einen solchen Traum ausgelöst wird. Heilung heißt ja immer Bewegung zur Ganzwerdung hin.

Wie eng und arm bin ich geworden, an wievielen Reichtümern des Lebens bin ich vorbeigerannt, bin schuldig geworden vor mir selbst, vielleicht auch vor anderen? Wohnt nicht vielleicht ein heimlicher Hochmut in mir gegen die, die unter mir stehen — wohl sich vertragend mit meiner Neigung zur Devotion vor den Oberen? Wieviel an Glück, an Blühen von Seele und Geist habe ich versäumt — vorbildlich zwar in meinen Funktionen, aber doch im Grunde ein ganz ängstlicher Mensch, der es selten wagt, dem eigenen Gefühl und der eigenen Initiative zu folgen.

Durch einen solchen Traum erfolgt also gewissermaßen ein Stoß gegen die erworbene Struktur, eine Dynamik der Wandlung setzt sich in ersten Spuren in Gang. Ein Erschrecken wird angefacht, ein Erschrecken vor einer Zukunft, die in Verplanung und Erstarrung führen würde, wenn nicht etwas »geschähe«. Nicht von außen erfolgt dieser Anstoß, er stammt aus dem Blut der Seele, aus der Energie einer nie gelebten Phantasiekraft. Aus dem eigenen unbewußten Inneren wird ja ein solcher Traum ins Bewußtsein geworfen. Das ist es, was überzeugt.

Der Therapeut freilich muß in existentieller Wachheit dabei sein, an ihm liegt es, daß der zeugerische Elan des Traumes »ankommt«. Er, der Therapeut, vermag gegebenenfalls die Kontexte beizubringen, die bis an den verlorenen Mythos reichen. Dazu aber bedarf er der Hellsicht, des engagierten Interesses und der »therapeutischen Liebe« zu seinem Patienten.

b) Das unheimliche Servierfräulein

Wir wählen nun ein Beispiel, in welchem der Traum nicht so sehr die Beziehung zu sich selbst als die Beziehung zu einem bestimmten Mitmenschen aufgreift, Aspekte, die ja natürlich aufs engste ineinander hängen.

Ein junger Lehrer ist stark verliebt in die Frau eines Kollegen, die seine Neigung keineswegs unerwidert läßt. Als ethisch-religiös ausgerichtete Persönlichkeiten hüten sich die beiden vor der direkten Gesetzesübertretung des Ehebruchs, können es aber doch nicht lassen, bei jeder sich bietenden Gelegenheit einander ihre Leidenschaft zu verraten. Der junge Mann hat auf der Höhe dieser recht kritisch werdenden Geschichte den folgenden Traum:

»In einer mir bekannten und zugleich doch auch völlig unbekannten Stadtgegend suche ich ein bestimmtes Café. Endlich finde ich es in einer etwas entlegenen, stilleren Gegend der City
und trete hastig ein. Noch bin ich erst wenige Schritte gegangen,
als ich in meiner Ungeschicklichkeit an das Tablett des bedienen-
den Fräuleins stoße. Das mit vielen Törtchen und Kuchenstük-
ken beladene Tablett fällt zu Boden, und die ganze Herrlichkeit
all der köstlichen Sächelchen liegt zerkrümelt und zerflossen auf
dem Parkett. Voll Schreck blicke ich das Fräulein an, schon über-
legend, ob ich nun selbst für den ganzen Schaden aufkommen
muß. In meiner Verwirrung denke ich, daß sie ja selber auch
schuld an dem Unfall ist, da sie mir doch geschickter hätte aus-
weichen können. Da plötzlich scheint mir das Mädchen höher,
größer, mächtiger zu werden, es hat eine schwarze Kutte an, die
bis zum Boden reicht. Aus abgründigen grünen Augen starrt sie
mich völlig unbewegt an und sagt mit leiser Stimme, nur mir ver-
nehmlich, doch ruhig und deutlich: ›Ich werde das Gift sogleich
holen.‹ Kopflos eile ich zum Hinterausgang des Cafés und ver-
stecke mich im Hof. Zuletzt renne ich davon.«

Dieser seltsame Traum, harmlos scheinend und unheimlich zugleich, läßt mit seiner unerwarteten Wendung einen
gefährlichen Hintergrund aufblitzen. Statt daß das Mädchen mit Lachen oder auch höflich unterdrücktem Unwil-
len nach Schaufel, Besen und Wassereimer springt und der
Gast sich stotternd entschuldigt, was nach dem vordergrün-
digen Stand der Dinge doch zu erwarten wäre, wird das alles plötzlich wie eine Kulisse beiseite geschoben — und auf
tut sich der Hintergrund der »Mächte«, jener himmli-
schen und höllischen, die unser kleines Leben gängeln. Der
Archetypus des Weiblichen in seiner ganzen Ambivalenz
steht vor dem erschreckten Träumer. Statt des lieblichen,
flinken Servierfräuleins, das die leckeren Luxusdinge bietet, steht da eine hoheitliche Gestalt, einer Göttin ähnlich,
verkleidet in der schwarzen Kutte eines Kultes. Mit strenger Unbewegtheit spricht sie die fatalen Worte aus, die den
Träumer in Panik stürzen, so daß er nur fliehen kann wie
ein verstörtes Kind.

Im bisherigen Leben des jungen Mannes trugen seine

Liebesbeziehungen den Stempel der Unverbindlichkeit und pubertären Vorläufigkeit, wobei er doch immer heftig »suchte«. Tiefe Depressionen folgten dem jeweiligen Ende der kurzfristigen Affären, von denen ihn noch keine in eine echte menschliche Polarität, eine entwicklungsfähige Beziehung gebracht hätte. Irgendwie blieb er auch im Erwachsenenalter und insbesondere in seiner Beziehung zur Frau das Kind, das zwar gierig und entflammt nach dem Genuß des sexuellen Glückes greift, aber in unbewußter Angst vor dem großen Eros die echte Spannung, den vollen Einsatz nicht wagte. Noch nie hatte er als Mann eine Frau in ihrem Frausein konstelliert. Er blieb, so unglücklich ihn das auch machte, der Junge, der sich mit sentimentalen Werbungsmanövern übermäßig einzuschmeicheln sucht und bald fallengelassen wird.

In der jetzigen realen Situation war er erstmals in einen Konflikt geraten, dessen weitertreibenden Ernst er sich aber nicht zugestehen wollte. Nur nichts versäumen!, so lautete seine Devise. So sehr liebt sie ihren Mann ja gar nicht, als daß sie mir nicht auch etwas gönnen möchte; mit meinem Gefühl verstehe ich sie ja weit besser, als der nüchterne und kühle Ehemann es tut. Im übrigen schützt uns ja ihr Verheiratetsein, denn gewisse Grenzen werden wir bei unseren Zärtlichkeiten nicht überschreiten. So beruhigt er sich selbst. Welch unredliches Spiel er mit diesen Ausflüchten trieb, unredlich gegen die Frau, den Ehemann und sich selbst, versuchte er mit Erfolg vor sich zu verbergen.

Durch diese Rechnung machte der Traum ihm einen bösen Strich. Am Boden verdorben liegen die feinen Kunstwerke des Konditors, liegen die Baisers und Eclairs, die kleinen flüchtigen Genüsse. Unfreiwillig, aber doch freiwillig nach tieferem Willen, hat er an das Tablett gestoßen. Und vor ihm steht nicht mehr die weißgeschürzte kleine Serviererin, vor ihm steht das Rätsel Frau — ein Dämon,

eine Göttin, verhüllt im schwarzen Gewand einer Prieste-
rin. Während er selbst nur ängstlich fragt, was kostet wohl
das alles, ich werde wohl nicht die ganze Schuld zu beglei-
chen haben, steht in ihren Augen eine ganz andere Frage.
Die rätselhaften, der äußeren Situation in keiner Weise
entsprechenden Worte »Ich werde das Gift sogleich holen«
weisen auf eine Tragik möglicher Schuld, vor der er nur
in panischem Entsetzen die Flucht ergreifen kann.

In der Analyse dieses Traumes konnte der Träumer
nicht umhin, sich mit der makabren Andeutung auseinanderzusetzen. Die Oberfläche des täuschenden Scheins, der
ach so harmlosen Liebelei zerbarst, und ein Abgrund tat
sich darunter auf. Dem Träumer wurde klar, daß das Spiel
mit der Leidenschaft das Spiel mit einem tödlichen Dämon
ist, daß die Liebe Entscheidung auf Leben und Tod vom
Menschen fordert. Sein Verhalten im Traum zeigt ihm,
wie wenig er einer solchen Gewalt, wie wenig er einer Entscheidung überhaupt schon fähig, schon gewachsen ist.
Und zugleich wird ihm gezeigt, wieviel radikaler und gefahrvoller seine Partnerin den Konflikt erlebt. Damit
mußte ihm etwas aufgehen von der Verantwortung von
Mensch zu Mensch, von der Verantwortung, die insbesondere Mann und Frau füreinander haben.

Auch hier war es die Sache der therapeutischen Aufmerksamkeit, dem Träumer die konsequente Erschließung des
Traumsinnes, vor dem er sich nur allzu gern gedrückt hätte, nicht zu ersparen. Die unverstandene Intention seiner
Depressionen, die er bisher nur als ein jeweils möglichst
schnell zu betäubendes Übel beiseite geschoben hatte, be-
gann ihm deutlich zu werden. Und ahnungsweise leuchtete
die Majestät der Grundbedingung des Geschlechts und mit
ihr Schuld und Tod in seinem erschreckten Bewußtsein
auf.

Jetzt vermochte der Patient sich einzugestehen, was sein
getriebenes Verhalten der Frau gegenüber in Wirklichkeit

anrichten konnte und auch, was er seinem Kollegen antat. Erstmals fragte er sich, was für ein Mensch diese Frau wohl in ihrem eigentlichen Wesen sei, in welche Gefahr, ja vielleicht sogar zu welcher Verzweiflungstat er sie zu bringen im Begriffe stand. Das waren neue Aspekte in seinem Empfinden, denen er nun nicht mehr auszuweichen vermochte.

In einer gewissen Tiefe der analytischen Auseinandersetzung mit sich selbst und der Welt umspielt fast jeder wesentliche Traum die *Problematik der Identität.* Die Wer-bin-ich-Frage in ihrer ganzen Bedeutung bewegt den Seelenraum und läßt meine eigene Verantwortung für den Sinn meines In-der-Welt-Seins zum Problem kreativer Selbstfindung werden. Die Formen, in denen dies geschieht, weisen natürlich große Verschiedenheiten auf, je nach der Struktur der neurotischen Erkrankung, des existentiellen Unglücklichseins, ja nach der Intensität, mit der ein Mensch sein Sein ergreift.

Oft gleichen die Träume, die in die Therapie gebracht werden, zunächst jenen kleinen japanischen Spielzeugen, die als winzige, eng zusammengefaltete Päckchen verkauft und dann an einem Faden ins Wasser gehängt werden; im Glas tun sie sich langsam auf und zeigen sich als phantastische Blumen oder Drachen oder Tempelchen, Gebilde von größtem Farben- und Formenreichtum. Die gemeinsame analytisch-meditative Besinnung des oft unscheinbar aussehenden Traumes hat eben diese Wirkung. Von seltsamer Stille, von fast schmerzlicher Schönheit oder auch von dramatischer Wildheit können die Symbole sein, die zum Vorschein kommen.

c) Bach-Motette und Tropfenfall

Eine hochbegabte junge Frau, die unter vielseitiger Aktivität und gemeisterter Anpassung an die Erfordernisse von Beruf und Ausbildung doch mit einem verborgenen schweren Widerstand gegen das Leben nicht fertig werden konnte, die an einer Wunde krankte, die sie durch ihre Intelligenz vor den Augen von jedermann verborgen zu halten wußte, hatte den folgenden Traum:

»Ein Kind zieht mich in seine Schule, ich müsse unbedingt hören, wie schön es in ihrem Musikunterricht sei. Ich habe nicht viel Zeit, gehe aber auf Bitten des Kindes schließlich mit und bin gespannt, was die Musiklehrerin zu dem Überfall sagen wird. Es scheint nun gar nicht ein gewöhnlicher Musikunterricht, sondern eine richtige Chorprobe stattzufinden. Ein ausgezeichneter Knabenchor übt eine achtstimmige Motette von Bach, einen schwierigen und verwickelten Satz. Die Chorleiterin nimmt mein Erscheinen als ganz selbstverständlich. Sie wisse ja, sagt sie, daß ich eine geübte Chorsängerin sei. Ich solle die Mittelstimmen überhören und stützen; ich wundere mich über das Ganze. Ist es im Grunde nicht doch ein wenig zu schwer für die Kinder? Dann auf einmal, in Pausen zwischen den Tönen, höre ich ein ganz leises Geräusch aus dem Nebenraum. Das dunkle Gefühl beschleicht mich, daß dort etwas nicht in Ordnung sei. Endlich gehe ich, um nachzusehen. Dort ist ein kleiner Waschraum, in dem aus einem frei hängenden Wasserhahn unaufhaltsam Wasser tropft; und zwar sind es schwarze Tropfen, vielmehr scheinen sie dunkelrot, an Blut erinnernd. Ich habe das Gefühl, daß ich schon einmal hier war, daß ich daran schuld bin. Der Boden ist schon durchtränkt. Ich drehe den Hahn jetzt fest zu, und dann gehe ich fort. Aber ob er wohl aufhört zu tropfen?«

Vor der Patientin steht ihr Leben. Da ist die Welt des Ästhetischen, in der sie sich sicher bewegt, und in der sie ihren Beruf finden will. Ihre erstaunliche Einfühlungsgabe verleiht ihr einen Zugang zu den Werken der Musik wie auch der Malerei. Die Komposition eines Kunstwerks wie auch dessen Geist sprechen ihren Verstand und ihre Intuition an — und doch bleibt sie in einer seltsamen Passivität befangen. Sie will rezeptiv bleiben. Sie stellt sich vor, daß sie lebenslänglich dem Schönen dienen werde, das große Geister geschaffen haben; aber in ihrem Eigensten möchte sie sich unter Verschluß halten. In ihrem persönlichen

Menschsein und Frausein will sie sich dem Leben nicht öffnen und nicht hingeben, will sie nicht »antworten«.

Im Musikraum der Schule ertönt das Chorwerk — aber das leise, kaum hörbare Geräusch, das unaufhaltsame Fallen der Tropfen in der kleinen Nebenkammer, was hat es damit für eine Bewandtnis? Eintönig, gleichmäßig, unendlich gleichmütig, wie die Sandkörner in einer Sanduhr rinnt und rinnt es da im geheimen. Sind es Lebensminuten, sind es Tränen, ist es das Herzblut der Träumerin selbst, das dort im Nebengelaß des hellen Werkraums des Bewußtseins verströmt, in stetem Verlust sich unaufhaltsam vertropft?

Die Träumerin fühlt »Schuld«. Worin sollte denn eine solche bestehen? Da ist wirklich nichts, nichts Greifbares — und doch ein Sich-Festhalten, das in seiner Ohnmacht deutlich wird, ein unmerkliches Nein, das sich selbst widerlegt. Man hält dem Leben, auf das man sich nicht einlassen will, die Logik der negativen Abrechnung entgegen. Nur — das Leben *geht weiter.*

Ist das traumschaffende Unbewußte in uns nicht wahrlich ein Dichter? Könnte die existentielle Wahrheit eines Menschen präziser und zugleich auch rätselhafter zusammengeschaut werden als in einem solchen Traumbild? Aber Auge und Ohr der Seele, ihre Bereitschaft muß offen dafür werden, sonst kann das »Gewissen«, das sich in dem Traum meldet, nicht zum Wissen werden. Nicht daß du den Wasserhahn irgendwann einmal ungenügend zugedreht hast (jetzt drehst du ihn ja fest zu, aber er wird weitertropfen), bildet die »Schuld«, darin besteht sie wohl nicht; sondern vielmehr darin, daß du ihn nicht geöffnet und das strömende Wasser, das dann nicht mehr gestockt und schwärzlich sein würde, sondern klar und frisch, dahin geleitet hast, wo es Durst stillen und Wachstum nähren wollte. Ist etwa die große Motette in der Tat für die Kinder »ein wenig zu schwer«?, für dich selbst nämlich, die du bei allem gelingenden Tun doch auch noch ein Kind bist, ein vermeidendes Kind?

Der erste Einfall der Traumautorin besteht in einem anderen Traum, den sie vor langer Zeit einmal hatte und in dem ihr Großvater, den sie sehr verehrte, schweigend durch das Zimmer geht und schweigend auf die Uhr an der Wand deutet. Dann fällt ihr ein Gemälde von Holbein ein, das in London hängt. Es zeigt zwei jugendliche Männerportraits auf der Höhe ihrer Kraft und Bildung; der ganze Vordergrund des Gemäldes aber stellt einen Totenkopf dar, der nur aus einer ganz bestimmten Perspektive dem Betrachter erkennbar wird...

Wir können die Themen, die dieser Traum aufsteigen ließ, hier nicht alle zur Sprache bringen. Therapeutisch gesehen dürfte man sich vielleicht »wünschen« (sofern man sich als Therapeut eben etwas wünschen darf), daß die allzu schwere Motette und der unendliche Tropfenfall der Zeit — gehören sie doch zusammen, so unglücklich sie auch »komponiert« sein mögen — sich zuletzt verwandelt haben möchten in die Phantasie von einem runden, waldumrauschten Quellbecken in der Mitte eines Haines, der den Musen geweiht ist. Das göttliche Wesen der Musik und die ehrfürchtige Hingabe des Menschen wären in einem solchen Bild vereint.

d) Eine Kirche wird gestürmt

Als letztes Beispiel, an dem sich erkennen läßt, in welch produktiver Weise das konstellierte Unbewußte uns in die Auseinandersetzung mit uns selbst, aber auch mit der Gesellschaft, in der wir leben und deren Träger wir sind, hineinführen und die Probleme unseres Wahrheitsgewissens aufrufen kann, sei der Traum eines jungen Mannes gebracht, der sich mit großem Ernst und in ehrlicher Bemühung auf die geistliche Laufbahn vorbereitete. Keineswegs blind für die Krisen, in denen sich die Kirche heute befindet, keineswegs blind auch für die eigene vitale Natur mit ihren Spannungen, ist er doch redlich entschlossen, was da auch kommen möge, auf seinem Weg dieser Zukunft entgegenzugehen, diese Zukunft mitzugestalten. Der Traum lautet:

»Ich sehe eine große Wallfahrtskirche. Viele Menschen, auch von fremden Völkern und Sprachen, sind in ihr versammelt und alle beten gemeinsam für die Einung der getrennten Christenheit. Dann wechselt die Szene. Von einem der Kirche gegenüberliegenden Fenster aus sehe ich plündernde Horden von allen Seiten in die Kirche eindringen; sie stürmen heran, sie klettern sogar durch die Fenster. Sie zertrümmern, rauben, verschleppen die kostbaren alten Schätze, reißen Vorhänge, Decken, Paramente herunter. Dabei bringt ein Mann eine Leinwand zur Entrollung, die sich nun vor dem ganzen Altarraum ausspannt und sekundenlang ein scheußliches Bild erkennen läßt: einen rasenden nackten Jüngling nämlich, dessen Körper bei herrlicher Schönheit doch sichtbar von Aussatz entstellt ist. Sein Glied aber ist eine Schlange, eingerollt, mit vorgestrecktem, züngelndem Kopf. Dann ist alles verschwunden.«

Wie kann es nun eigentlich um die innere Wahrheit und Echtheit meines Glaubens stehen? — das ist die betroffene Frage, die sich der Patient nach diesem Traumerlebnis stellt. Ist denn mein Glaube nur ein frommes Gebäude, errichtet von meinem Verstand und meinem emotionalen Pathos, errichtet aus den Bausteinen der heiligen alten Tradition, deren Sätze ich so ausgezeichnet begriffen und mir zur Zufriedenheit meiner Lehrer angeeignet habe? Haben diese Wahrheiten meine Seele wirklich gestaltet, oder habe ich selbst diese Wahrheiten zu einem glänzenden Kleid über meiner Nacktheit gemacht? Denn der Erkenntnis kann ich mich nicht entziehen, sie war sofort ganz evident vorhanden: der dämonische Jüngling auf der Leinwand vor dem Altarraum, vom Stigma der wütenden Sinnlichkeit wie auch der Krankheit gezeichnet, der bin ich selbst. Er ist es ja, der »aufgezeigt«, der »hochgehoben« wird in dem ganzen wüsten Treiben, wie beim Ritus einer schwarzen Messe. So herrlich auch die Gesänge und die Gebärden, der begeisternde Kult und die Liturgie des ökumenischen Gottesdienstes, so berauschend das Geschehen, das pfingstliche Wunder in der völkervereinenden Wallfahrtskirche — ich brauche ja nur einen Schritt zurückzutreten, und alles verkehrt sich ins Gegenteil. Blasphemie, Zerstörung, Wut und Hohn schänden die Heiligtümer. Und geschändet ist auch der Schänder selbst. Wer sind diese Horden, die das Gotteshaus stürmen, wer ist der Räuber, der die Leinwand entrollt vor dem Altar, dem Ort der Eucharistie, dem Brennpunkt der Begegnung zwischen Gott und Mensch? Was meint das Bild auf der Leinwand? Wer hat es gemalt? Bin ich das wirklich selbst? Ist mein Geschlecht die züngelnde Schlange, das Urbild des Falschen und Bösen?

Ja, es ist so. Es hat ja niemand anders den Traum geträumt als ich selbst. Er zeigt mir nur, was ich nicht sehen will. Er zeigt mir meinen tief verborgenen Atheismus und meine moralische Minderwertigkeit. Glänzen und Großsein, überlegen über die Schwerfälligeren im Geiste, das wollte ich immer mit meiner Theologie. Und jetzt wird mir die genaue Kehrseite gewiesen, die unabweisliche Entsprechung zu all dem, was ich nach außen und vor mir selber darstelle.

Die gemeinsame Meditation des Traumes kann hier erst beginnen, nachdem der Träumer sich seiner Erschütterung gestellt hat, nachdem beide Beteiligten die destruktive Bewegung durchschritten haben, die voll zum Ausklang kommen will.

Dann aber erhebt sich die Frage: Wenn der Traum psychologische Realität zum Ausdruck bringt, *muß* es dann nicht einfach so sein? Aber keineswegs dürfen wir ja ein starres Orakel aus ihm machen. Ist nicht alle Wirklichkeit in ständigem dialektischen Prozeß begriffen? Jetzt unterliegst du der Gefahr, die räuberischen Horden und den dämonischen Jüngling als deine seelische Realität schlechthin zu nehmen, sie zu verabsolutieren, dein consilium abeundi in dem Traum zu lesen. Du nimmst den Traum als Vernichtungsurteil, als gegen dich geführten Schlag, als böses Orakel, das dich in die Wüste schicken will. Aber haben nicht Orakel jeweils mehrere Bedeutungen gehabt, deren Rätsel es erst zu ergründen galt? Wenn du in dem destruktiven Teil des Traumes eine Seite deines Wesens siehst, warum nicht auch in dem konstruktiven? Die große ergriffene Erleuchtung des ökumenischen Gottesdienstes ist ja nicht an ein Haus, an Mauern gebunden. Nur Steine, Fenster, Kelche, kostbares Gerät können die Lästerer zerstören. Können sie aber Glauben zerstören? Sind sie nicht vielleicht sogar höchst notwendige Exekutivorgane, die Erstarrtes, allzu lange schon ehrwürdige Form Gewordenes zu zerschlagen haben? Wie willst du überhaupt mit Sicherheit wissen, daß sie nicht tiefer »glauben« als die, die vorher die Kirche mit ihrem Gesang erfüllten? Denn was heißt: Glauben?

Und was nun die Schlange betrifft — du kannst sie zunächst gar nicht anders verstehen als ein Symbol von äußerster Blasphemie für deine Sexualität, die du noch nicht zu beherrschen vermagst. Du siehst in ihr die Schlange des biblischen Schöpfungsmythos, die Adam und Eva verführt hat. Aber müssen wir nicht auch hier dialektisch denken und uns also fragen, welche Bedeutung dem Symbol der Schlange in anderen Mythen und Religionen zukommt? Denken wir an Aeskulap, den Heilgott der Griechen, den Sohn Apollons. Ihm ist das chthonische Tier heilig, als Urbild von Wissen und Heilkraft. Schlangen wurden in den Heiligtümern des Aeskulap, so etwa in Epidauros, gehalten. Stets wurden aus dem Gift der Schlange auch Heilmittel, heilende Arkana gewonnen. Aber auch Buddha steht im Einklang und im Einverständnis mit der Schlange. Auf der zu einem Thronsitz geringelten Schlange sitzt Buddha meditierend unter dem Pipalbaum. Andere Skulpturen zeigen Buddha auf jener göttlichen Schlange, die schützend ihre sieben Häupter über ihn hält, solange seine Meditation währt: ein Inbild des Friedens, ein Inbild der geeinten Weltkräfte. (Der Gegensatz zu den kühnen Drachentötern St. Georg und St. Michael der christlichen Legende kann nachdenklich machen.)

Von Aussatz ist der Jüngling auf der Leinwand gezeichnet. Seltsam, daß es gerade die Krankheit ist, die Jesus immer wieder heilte. Einmal, so berichtet die Überlieferung, mit dem ausdrücklichen Wort: »Ja, ich will es.« Soll mit dieser Geschichte (Lk. 5) nicht gesagt sein, daß tödliche Erkrankung, auf welcher Ebene des Menschseins wir sie auch lesen, zum Heil ausschlagen kann? »Sprich nicht darüber«, trug Jesus dem Geheilten auf, was doch wohl bedeutet, er solle dies in sich selber wirksam werden lassen, was er erfahren hatte, statt es als ein Mirakel aufsehenerregend zu verplappern...

Unser Patient ist durch seinen Traum in einen Prozeß der Wahrheitssuche, in eine echte Auseinandersetzung mit sich selbst geworfen worden. Seine Statik von Gut und Böse scheint »diabolisch« verwirrt. Weder darf er sich nun flüchten auf die Seite der ecclesia triumphans und etwa zu sich sprechen: der zweite Teil des Traumes stellt eben nichts anderes dar als die satanische Versuchung, die so oft gerade die Frömmsten überfällt. Und also habe ich sie nur so effizient wie möglich aus meinem Sinn zu vertreiben, sie wegzuwischen und auszulöschen. Doch ebensowenig darf er sich in die Nacht des Pessimismus fallen lassen, als wäre eine definierte Bekundung über sein wirkliches tieferes, nämlich verlorenes Wesen ihm zugekommen. *Beide* Aspekte des Traumes sind ja aus seinem eigenen Unbewußten hervorgegangen; weder mit dem einen noch mit dem anderen darf er sich identifizieren. Die Wahrheit liegt weder im ersten Traumteil noch im zweiten, sie liegt in der Dialektik der Gegensätze, im lebendigen Wandlungsprozeß der Reifung. Der Kern des Gewissens will wach werden, will beunruhigt werden. Bringt doch alle Verfestigung, alle allzu große Sicherheit Gefahr. Aus dem Heilen wird das Unheile, doch das Unheile dient mit seinem Stachel der Krise der Neuwerdung.

Sind denn die im Gottesdienst vereinten Betenden ohne Schuld, und alle Schuld würde sich nur bei den Lästerern ballen? Wären die im Gotteshaus Vereinten *wirklich* ohne Schuld — *gäbe* es dann überhaupt die Lästerer? In einer Idee des Gottesstaates ließe sich das denken, aber unsere menschliche Wirklichkeit impliziert die Grundbedingung der Schuld. Sie läßt Selbstgerechtigkeit und totales Verurteilen unmöglich werden, sie zwingt zu dem geheimnisvollen Prozeß des Humanum, der Sensibilität für das Du, des »Lernens« in der Konzentration aller Kräfte der Seele, des Herzens und des Geistes. Sie zwingt zu diesem Prozeß, den wir die menschliche Reifung nennen, und auf dem das durchsichtige Sein und Werden unserer Identität beruht. —

Wenn der Patient einen solchen Traum wirklich integriert hat, dann ist er nicht nur in eigener Sache ein Stück weitergekommen, dann hat sich auch sein Verstehenshorizont geweitet für Vorgänge der Geschichte und Vorgänge der Gesellschaft, in der wir leben. Werden wir nicht tagtäglich durch die Ereignisse in Nähe und Ferne aufgerufen zu Entscheidungen, die wir ohne sorgfältige Prüfung unseres eigenen Gewissens gar nicht treffen dürfen?

Indem du den satanischen und aussätzigen Jüngling in dir als deinen Bruder annimmst, der *dich* um seine Heilung bemüht, indem du seine Wildheit und Nacktheit kultivierst und damit auch alles, was er an Kraft in sich birgt in dein rational verengtes und recht stolzes Bewußtsein aufnimmst, ihn also weder fürchtest noch verachtest, weder vor ihm fliehst noch dich von ihm verführen läßt, geschieht gerade das Stück Leben, um das es jetzt bei dir geht. Und damit wirst du fähig, ein wenig fähiger als bisher, den erregenden Ereignissen in deiner Kirche und in der Gesellschaft, deren Sauerteig jene ja doch sein soll, an deinem kleinen Teil zur Erhellung zu verhelfen. Wenn du begreifst, wovon die beharrenden Kräfte bedroht sind und was die revoltierenden und destruierenden meinen, nur dann kannst du fruchtbar wirken, zur lebendigen Synthesis führen, kannst du handeln und lieben mit der Demut und mit der Weisheit, die sich in diesem Handeln und Lieben verbinden müssen.

3. Vom inneren Tun des Therapeuten – Übertragung – Therapeutische Interaktion

Der Therapeut lebt für einen Zeitraum das Leben seines Patienten mit. Wir haben uns zu überlegen, was mit dieser Aussage gemeint ist und was sie impliziert. Nicht aktiv, handelnd oder ratend greift ja der Therapeut in das Leben seines Patienten ein. Es kann sich also nur um ein Mitleben in Vergegenwärtigung und Vorstellungskraft, in Denkarbeit und Phantasie handeln, aber auch in der Zugewandtheit echter Anteilnahme, mit dem ärztlichen Impetus des Helfens — so vorsichtig dies Wort auf unserem Gebiet auch zu gebrauchen ist. Weiß er doch um die Begrenztheit seines Wissens und Könnens und um die Grenzen, die der Psychotherapie als solcher gesetzt sind.

Aus therapeutischer Distanz, im therapeutischen Gespräch lebt der Therapeut das Leben seines Partners mit, wissend, daß es auf grundlegende Veränderungen ankommen wird, sowohl in der Art, wie dieser Partner sein Leben lebt, als auch in den Zielen, worauf hin er es lebt, dem Gefühl, womit er an der Welt partizipiert, dem Entwurf seiner Zukunft.

Mehrdimensional, so müssen wir sagen, lebt der Therapeut das Leben seines Patienten während des Behandlungszeitraumes mit. Er blickt in die aktuale Gegenwart mit ihren Aufgaben und Problemen, Konflikten und Nöten, umkreist vom sozialen Raum der Gesellschaft, ihren Mächten, Gewalten und Spannungen. Er sieht das Leben des Patienten sich aufbauend aus seiner Geschichte und Aszendenz, entwerfend die Möglichkeiten seiner Zukunft. Er blickt gleichzeitig in die Quellräume des Unbewußten, aus denen die während Umgestaltungen im Bösen wie im Guten, negativer und positiver Art sich speisen. Da der Therapeut ja eine größere Anzahl von Patienten gleichzeitig betreut und an jedem von ihnen emotional beteiligt ist, so wird ein weiter Bewußtseinshorizont bei ihm vorauszusetzen sein, ein Umdenken und Neudenken für jeden Patienten, der sich ihm anvertraut und in seiner eigenen Sprache spricht.

a) Da ist die äußere Welt, in der der Patient sich bewegt. Da sind die Personen, die für ihn bedeutsam, die sozialen und kulturellen Zusammenhänge, in denen seine Aufgaben liegen. Da ist das Stück Geschichte und Gesellschaft, das jeder Einzelne in sich repräsentiert und in das Sprechzimmer seines Therapeuten mitbringt. Da schwingt ein dichtes Gewebe von mitmenschlicher und kultureller Problematik, da handeln Menschen, deren Charakter für den Therapeuten so durchsichtig werden muß wie der seines Patienten selbst. Da ragen soziale, religiöse, politische Hintergründe herein, die befragt werden wollen. Das alles bietet sich nicht in statischem Zustand dar, sondern in der unaufhörlichen Dynamik und den immer neuen Spannungen des ständig bewegten Lebens.

In diesem »dramatischen Epos« spielt, therapeutisch gesehen, der Patient die Rolle des »Helden«, d. h. dessen, auf den die Aufmerksamkeit der »Kamera« gerichtet ist: wie handelt er, wie wirkt er sich aus, wie versteht und mißversteht er sich selbst und die anderen, wie wird er verstanden und mißverstanden, wie erlebt er die Nahen, die Fernen, wie bemächtigt er sich, wie vermeidet er, wie siegt, unterliegt, wirbt und erobert er, betrügt und wird betrogen — kurz, das Spiel des Lebens sammelt sich in diesem Ausschnitt, ein Aspekt des großen Welttheaters rollt sich auf. b) Dies aktuale Stück Leben voll bewegter Szenen und Mitspieler wird gewissermaßen von unten beleuchtet, taucht auf aus der Vergangenheit des »Helden«, die sich begegnet mit den Vergangenheiten all der anderen belangvollen Personen, die in ihren Umrissen und Strukturen, in ihrer wirkenden Substanz mit erfaßt werden. Ständig blendet die Kamera des therapeutischen Bewußtseins die Werdensgeschichte des »Helden« in diese Aktualwelt mit ein. Mit gesehen wird die Kindheit, werden Mutter- und Vatergestalt in ihrer existentiellen Ortung, ihrem Lieben oder Nichtlieben, ihren konstruktiven und destruktiven Wirkungen auf das Kind, auf den Jugendlichen. Mit gesehen werden die Geschwister, das Spiel, die Schule, die Landschaft, die Sprache und Völkerwelt, aus der dieses einmalige Leben erwuchs. Bedingende Zusammenhänge stellen sich her: So also lächelte und weinte die Mutter, so also prasselten die Scheite, knisterten die Äpfel auf dem Ofen, so also flutete Sonne und Licht auf den Spielplatz, und so keilte der Vater mit Blitz und Donner jede Stille und jedes Glück entzwei, so daß du in den Garten auf die Bäume flohst, besonders auf deinen Lieblingsbaum, auf dem du lange träumtest und in Sicherheit warst. Sitzest du auf diesem Baum nicht heute noch mit all deiner ironischen Überlegenheit, deiner innersten Einsamkeit, deinem Sicherseinwollen, deiner Träumerei?

So also jammerte die Mutter dich zum Einkaufen und zum Kohlenholen herbei, wenn du im besten Spielen warst, erstarrte zur beleidigten Majestät von imponierender Hoheit, wenn du dich weigern wolltest; immer wieder hast du dich unterworfen, hast das süße »Ur-Wir« gesucht, in dem du wieder der Liebling warst, in der furchtbaren Angst, sie, die Mutter, könne sterben, sie könne fortlaufen in den Wald und nie wiederkommen, wie sie es oft androhte, und könnte unverziehene Schuld mit ins Grab nehmen, an der du dann dein Leben lang zu schleppen hättest. Sind nicht alle deine Beziehungen zum Weiblichen bis heute von dieser seltsamen Tonart gefärbt?

Oder: vor dem Rektor der Schule also machte der Vater dich »zur Schnecke«, du hörtest seine spöttische Stimme: ›Packen Sie den verdrückten Burschen nur hart an‹. Du schwächliches, blasses Bübchen wärest am liebsten in den Boden gesunken, der letzte Funke erlosch dir im Herzen unter dem übermächtigen Grau des Schulalltags. Ist es nicht diese Stimmung von Vernichtetwerden, von Zerbrechen jeden Aufschwungs, die dich heute noch durchzuckt, wenn du vor einem Vorgesetzten zu stehen hast, wenn ein Chef mit einer neuen Forderung an dich herantritt?

Ein anderer Fall: Du ducktest dich unter die Bettdecke, stelltest dich schlafend, wenn die Eltern streitend heraufkamen, wenn sie einander klatschend schlugen, dies Schlagen dann überging in das Stöhnen und Keuchen, von dem du nicht wußtest, aber doch in unklarer Erregung ahntest, was es zu bedeuten hatte. Heute, in der Lebensmitte stehend, siehst du auf alle deine erotischen Erlebnisse zurück und spürst, wie du dich jedesmal zumachtest vor dem elementaren Faktor, vor dem Ruf der Naturmacht des Sexus selbst, gegen den du einen tiefen Abscheu nie überwinden konntest.

c) Der Therapeut lebt das Leben seines Patienten für einen Zeitraum mit. Zu der Aktualwelt und zu der geschichtlichen Gewordenheit, die das Leben durchdringt, tritt die Dimension des Unbewußten, wie sie sich uns insbesondere in der Sprache der Träume kundtut. Der du dich so bewegst in deiner Realität, bist du nicht umschattet und umlichtet von Traumwelten, die niemand sieht und ahnt außer dir und mir? Traumwelten, in denen du nochmals deine Realität tausendfach umwandelst, die aber auch aufreißen können bis in die chaotischen Untergründe der wildesten Begierde, des nackten Grauens, in Töten, Tod und Verwesung, in namenloses Leid — in denen du dir selbst als dein Doppelgänger begegnest, der doch unheimlich anders scheint als dein bewußtes Ich? Aber auch wundersame Visionen können sich da zutragen, die dich erschauern lassen vor den letzten strengen und unerbittlichen Grenzen und Rätseln alles menschlichen Daseins. Gleich darauf aber sind es wieder die Banalitäten des Alltags, mit denen es an irgendeinem Punkt doch nicht stimmt, die dich foppen wie tückische Irrlichter. Hoch empor heben können dich deine Träume, so daß du verklärt über die Tempel und Dome der Menschheit schwebst — um bald darauf verängstigt zu ersticken im unterirdischen Kanal, wo eine Fliege dich verfolgt. Himmelsnähe lassen sie dich atmen auf der grünen Alpe, von Schneefeldern rings umgeben, um dich dann wieder hasten zu lassen durch Labyrinthe von Straßen und Gängen, die Labyrinthe der Angst und der Schuld, auf der Flucht vor dem Minotaurus, der sein Opfer haben will. Wellen aus dem Meer des Magischen und Mythischen, aus den tiefen Schichten der Seele können das kleine Ich, als das der Träumer sich kennt, erreichen; Urbilder, wenn auch oft in schwer durchschaubaren Verkleidungen, können es zu Tode erschrecken, oder aber sie können die Kraft evidenter Erhellung und Sinnfindung auslösen, weit über das Heute hinaus.

Diese drei Dimensionen also fügen sich ineinander zur Zusammenschau und zur Frage nach dem Wesen *dieses* Menschen und dem Wesen seiner Neurose, der Frage nach seiner Wahrheit und nach der Ermöglichung *seines* Heilungsweges. Freilich läßt sich das alles immer unter eine Diagnose bringen, denn jedesmal wird auch das Exemplarische eines Menschen deutlich. Aber die Diagnose genügt allein nicht, um eine Heilungsintuition entstehen zu lassen. Zu ihr gehört das vielschichtige Wissen um die meist so frühe Brechung der Kreativität dieser Seele, die Entstehung dieses spezifischen »Unglücklichseins«, dieser »Un-Kraft, Un-Freude zum Menschsein« (Karl Barth), dieses unbewußten, vielleicht auch bewußten» Haderns« gegen die Bedingungen, die allem Menschsein nun einmal gestellt sind, um reif werden zu können. *So* entstand also diese Angst vor Tod und Vergänglichkeit, diese Flucht vor allem, was Abschied, Krankheit, Leiden, Veränderung überhaupt heißt; *so* entstand diese zwanghafte Vermeidung von Schuldigwerden, aus der heraus es dann eben nie den Aufschwung zur Freude geben kann; *so* entstand diese tief determinierte Unfähigkeit zur Hingabe an alle große Lust, an die Liebe und den Glauben, an das menschliche und das göttliche Du. (Denn »Religion« kann auf solchem Untergrund ja nur in einer Selbsttäuschung, einer Tarnung des verborgenen Haderns bestehen.) Aus allen diesen Aspekten ergibt sich für den Therapeuten das eminent praktische Problem der Heilung dieses seines Partners.

Immer wieder hat der Therapeut die Wechselwirkungen aufzugreifen zwischen dem Einzelleben und der Gemeinschaft, zwischen dem Bewußtsein und den Symbolen des Unbewußten. Immer wieder gilt es, dem Zukunftsträchtigen, den ewigen Werten nachzuspüren, die trotz allem in der Gesellschaft lebendig sind und dem Einzelnen begegnen. Den generalisierenden Pessimismen und Verdammungsurteilen über die Menschheit, die für die Neurose charakteristisch sind, darf der Therapeut wohl hier und da widersprechen, den Patienten fragend erinnern: du hattest doch auch diesen einen Lehrer, bescheiden im Äußeren, aber im Inneren hoch überragend das Kollektiv von Neid, Macht und Intrigen. Was hat er doch damals in deiner jungen Seele geweckt an Liebe zum Schönen, an Unterscheidungskraft für den Rang der Geister; obwohl du in der Schule schikaniert wurdest und dich nicht durchsetzen konntest — *das* kann doch nicht untergegangen sein. Unter deinen Kameraden, die du alle in Bausch und Bogen verachtet hast, war doch ein Freund, an dessen selbstloser Kameradschaft du nie zweifeln konntest und bis heute nie zweifeln kannst. Wenn sich auch alles zusammentat, um dir die Religion zu vermiesen, sowohl die Religionslehrerinnen, die Pfarrer wie dein eigener Vater, in dessen Andachten du »vor Langweile umkamst«, so hast du doch selbst nach einem sehr bedeutungsvollen Traum vor kurzem erst gesagt: »Und es gibt doch noch etwas anderes in der Welt als Haß und Destruktion«, und nach einigem Schweigen fügtest du mit zögernder Stimme hinzu: »das ist wohl das Erbarmen.« Mir scheint, daß dies eine Erkenntnis ist, in der sich alle großen Religionen einig sind. Sollten wir nicht von jenem Traum aus versuchen, das zu tun, was du ja offenbar selber willst, nämlich jenes schreckliche Versagen deiner Mutter, die so oft »verreiste«, d. h. einfach nicht mehr für dich da war, dich enttäuschte und abwies, als ihre entsetzliche Verzweiflung zu verstehen? Könnte es jetzt in kleinen Schritten gelingen, die mutlose Weltinterpretation zu verarbeiten, die für dich in scheinbar kausalem Gefälle aus jenen Ereignissen hervorging? Könnte es dir allmählich gelingen, deiner Mutter zu verzeihen, denn mehr und mehr erkennst du ja auch, was du selber ihr schuldig geblieben bist. So »kausal« war das Gefälle gar nicht.

Solche sporadischen Hinweise müssen uns genügen, um das konzentrative Tun des Therapeuten verstehen zu lassen, das nicht nur mit dem Terminus der »frei schwebenden Aufmerksamkeit« (Freud) umschrieben werden kann. Worauf nun alles ankommt, ist ja dies: aus der verstehenden Verknüpfung der Dimensionen kann im gelingenden

Fall der Therapeut *zur inneren Antwort, zur existentiellen Antwort* auf seinen Patienten werden. Dies einzelne Leben mit all seinen kollektiven und transzendenten Hintergründen und Durchstrahlungen, betrifft ihn, den Therapeuten auch selbst, erweckt vielfältiges Echo in den Räumen seiner eigenen Seele, die ja in ihrer Geschichte aus der Welt des Menschseins, aus Kultur und Gesellschaft mit all ihren Kräften und Gegenkräften erwuchs, sich mit ihnen auseinandersetzte und immer wieder neu auseinandersetzt. Was er im therapeutischen Gespräch antwortet, aktiviert aber die Antwort und Reifungskraft, die sich ja im »Unglücklichsein« der Neurose nur verklammert, verborgen und verdunkelt hat. Kein Lehrbuch, kein Kompendium der Psychologie, kein Konsilium von Autoritäten gibt ihm, dem Therapeuten, das ein, was er »in der Situation« zu sagen hat und *wie* er es zu sagen hat, *wie* er an die versteckte Klammer rühren kann. Ex origine dieses Augenblicks hat er das neue, bisher nie formulierte Wort zu finden, so daß dieser Mensch jetzt selbst an die Klammer rührt, die seine Hingabe, seine Einstimmung, sein Offenwerden zum Menschsein sperrt. Sie aber *lösen*, diese Klammer, *kann nur er selbst*. Ist er doch *nicht Objekt* ärztlichen Tuns. So weit auch das Mitleben des Therapeuten reicht — das Handeln, das äußere und das innere, bleibt seine, des Patienten, Sache selbst. Weder wird er umfunktioniert noch manipuliert oder programmiert, wenn auch seine Wertetafeln gelegentlich ins Wanken geraten. *Entscheiden* muß er sich doch selber. Und das ist ja auch seine menschliche Würde.

Ohne das lebendige menschliche Interesse des Therapeuten für seinen Patienten, den Mut, die Bereitschaft, »Antwort« auf ihn zu werden, könnte also eine Behandlung nicht ernstlich fruchten und zur Heilungsentwicklung führen. Im Patienten seinerseits, gleichsam unterhalb seiner Neu-

rose, liegt auch seine Antwortbereitschaft auf den Therapeuten, auf das, was Therapie meint, eine Bereitschaft, die
sich erst durch die Stadien der Auseinandersetzung hindurch gestalten wird. Daß sie da ist, bezeugt aber bereits
das Kommen zur Therapie, als ein erster Schritt des »Kom-
mens zu sich selbst«.

Wer wollte sich darüber wundern, daß der Therapeut eine
wichtige, für lange Zeit vielleicht die zentrale Rolle im Leben des Patienten spielen wird? Ist er es doch, auf den man
nun einmal »gesetzt« hat, hoffend, aber zugleich auch
fürchtend, daß es ernst werden könnte. Man läßt sich also
ein in einen dualen Prozeß, der seine Autonomie hat und
haben muß. Mit diesem Menschen wagt man es nun einmal, denn die innerste Hoffnung, daß das »Leben« doch
noch *Leben* werden dürfte, glüht ja noch als Funke unter
der Asche der Resignation. Freilich stellte man sich das
Geschehen, das nun anhebt, ganz anders vor. Wußte man
es doch gar nicht, daß man vom ersten Moment an in eine
Horizontverschiebung geraten würde, erwartete man doch
paradoxerweise, die Welt werde sich ändern und einem
Recht geben, einen anerkennen und bewundern, einem
mühelos jede Wunscherfüllung unter die Füße legen. Jetzt
erst erfaßt man, daß es nur darum gehen kann, sich selbst
zu ändern, und daß man dies, zwar mit Hilfe des Therapeuten, doch selber zu tun hat.

Machte man sich von der »Arbeit«, die einen erwartete,
keine Vorstellung, so aber andererseits auch nicht von dem
überraschenden Reichtum der unbewußten seelischen Dynamik, die sich da entfalten würde und deren Gaben und
Geschenke, deren Zeichen und Botschaften man zu verstehen jetzt erst langsam erlernt. Aus dir selber also, nicht
durch wissenschaftliche Autorität von außen, kommt dir
Hilfe zu, kommt die befreiende Wandlung, sie kommt aus
Bereichen deiner selbst, die du bisher nicht kanntest. Du
bist anders. Deine Identität ist nicht identisch mit deinem

Ich, so wie du es bis jetzt kennst; sie erstreckt sich, bewegt sich, pulsiert aus einer tiefen, unzugänglichen Quelle; sie ist *dein Werden selbst*.

So sehr der Heilungsvorgang also einerseits »Anstrengung« ist, ehrliche Auseinandersetzung mit sich selbst, so besteht er doch andererseits in einem Beschenktwerden, einem Empfangendürfen, einem Geschehenlassen. Das Eigenleben der Seele, das *Sonans*-sein der Person, erklingt. Denken wir an das Wort von Heraklit: »Einer Seele Grenzen kannst du niemals finden, jeden Pfad hinschreitend, so tiefen Grund hat sie.«

Für den leistungsverkrampften, in rationales Zweckdenken eingespannten und seelisch verarmten Menschen unserer Tage können solche Erfahrungen von wesensweitender Bedeutung werden. Phänomene, die man vordem achselzuckend überging, treten in Evidenz. Man hielt sie vielleicht für Zeugnisse früherer Bewußtseinsstrukturen der Menschheit. Numinoses ereignet sich aber nun im eigenen Seelenraum und hinterläßt eine unauslöschliche Spur.

Die Auseinandersetzung mit sich selbst wird mehr und mehr zur Auseinandersetzung mit der *Person des Therapeuten*. Zunächst pflegt sie sich abzuspielen in den verschiedenen Formen der *Übertragung*. Müssen doch an der Gestalt des Therapeuten die Sehnsüchte und die Liebesansprüche der ersten Lebensfrühe wiederholt und reaktiviert, die schwersten Frustrationen nacherlebt, die tiefsten Konflikte zum Austrag gebracht werden, die einstens den produktiven Lebensmut des kleinen Kindes lähmten oder verbogen. Die gewisse Anonymität, in der der Therapeut während der Dauer einer Behandlung für den Patienten bleibt (denn es versteht sich, daß er, so intensiv und personal er auch »im Spiel« ist, doch von sich selbst im Sinne persönlicher Mitteilungen nicht spricht), ermöglicht das stufenreiche Geschehen der Übertragung. Der Patient überträgt seine unbewußten Liebeserwartungen, die nie von den Eltern erfüllt wurden, und ebenso seine unbewußte Angst vor Enttäuschung und Verrat, seine Neigung zu aggressiven Reaktionen, und ebenso seine Angst, von einer strengen Kapazität beurteilt und verurteilt zu werden.

Um die Notwendigkeit und die intentionale Sinnhaftigkeit dieser Bindung, in welcher Form sie, der neurotischen Struktur entsprechend, auch entstehe, weiß der Therapeut sehr wohl und nimmt sie in diesem Sinn zunächst auch ruhig an. Soll doch der Patient zunächst einmal »nachholen« dürfen, soll er das Kind in sich, das er ja in allen übrigen Situationen seines Lebens zu unterdrücken, zu verleugnen hat, einfach einmal *sein* dürfen. Aber ein Kind ist nichts Statisches: es will wachsen, sich entwickeln und reifen. Statisch bleibt es eben nur dann, wenn es repressiv verneint wird, was ja in erster Linie vom Bewußtsein des Patienten selbst erfolgt, der gerade damit den Status der Infantilität perenniert. Jetzt aber, in der therapeutischen Situation, wird es, das Kind, bejaht, angenommen und wird ihm eben dadurch Entfaltungsmöglichkeit geboten.

Fruchtbare Mitarbeit bei diesen Vorgängen, deren Kompliziertheit hier natürlich nicht nachgezeichnet werden kann, leisten die Träume. Mannigfaltige Wege findet das Unbewußte, um das Bewußtsein anzurufen, um ihm die Wegscheiden vor Augen zu führen, auf die es zur Überwindung der jeweiligen Übertragungshaltung, (in der sich ja die Neurose selbst spiegelt), jetzt ankommt. Wir sprachen von der verdeckten »Antwortbereitschaft«, von der unbewußten »Heilungsintention« des Patienten. Ist es nicht, als gingen eben diese Kräfte mit der Person des Therapeuten ein geheimes Bündnis ein — allen Widerständen zum Trotz? Jedes Stadium der Übertragung hat heilende Potenz, in der sich die Gestalt des Therapeuten langsam wandelt aus archetypischen, aus affektbesetzten Bildern zu menschlicher Wahrheit und Wirklichkeit hin. Aus dem Archetypus des Heilandes und Retters oder des Dämons und bösen Feindes, der Großen Mutter, der oder des »unsterblichen Geliebten« (Anima oder Animus) entsteht über viele Bilder, in denen sich Widerstand und erwachender Lebensmut mischen, allmählich das wirklichkeitsgerechte Prinzip der echten therapeutischen Partnerschaft.

Jede dieser Stufen bedeutet ein Stück Arbeit für den Träumer, ein Stück Überwindung seiner Scheu vor den großen und ewigen Gesetzen menschlichen Seins, vor den Grundbedingungen unserer Existenz. Jede dieser Stufen vertieft die echte Beziehung zwischen Patient und Therapeut. Echtes Vertrauen, das nicht auf Projektionen beruht, stärkt die Solidarität im Menschsein und Mitmenschsein, das die beiden verbindet.

Im Übertragungsgeschehen verschmelzen also in fortwährender Interaktion die Auseinandersetzung des Patienten mit sich selbst und seine Auseinandersetzung mit der Person des Therapeuten. Und je mehr der Patient es lernt, seine Projektionen zurückzunehmen, ein Stück echter personaler Beziehung an ihre Stelle treten zu lassen, desto mehr modifizieren sich auch seine Grundeinstellungen zur Welt, die Formen seines Erlebens, die Weisen seines Seins zu anderen Menschen und zu den Mächten der Gesellschaft. Je mehr er darauf verzichten kann, von seinem Therapeuten mit Ausschließlichkeit geliebt zu werden, desto mehr geistige Elemente erwachsen in ihm aus der therapeutischen Beziehung, fruchtbar für die Begegnung mit den Menschen und der menschlichen Not seines Schicksalsraums. Je reifer er wird in der Beziehung zur Person des Therapeuten, desto mehr schöpferische Impulse können überspringen aus dem »Antwortsein« des Therapeuten auf ihn hin, desto lebendiger kann er jetzt Anregungen aufgreifen, die der Therapeut ihm zusendet, und die jetzt

nicht mehr von den starren Modalitäten der Neurose um-
interpretiert werden. (»Sie haben mir aber in der vorigen
Stunde arg zugesetzt, ja, so kann man reden, wenn man
niemals seelisch so verkrüppelt worden ist wie ich.« Oder:
»Sie haben geschwiegen und mir dadurch gezeigt, daß Sie
sich langweilten. Sie haben mich wohl überhaupt nicht angenommen.«) Vielmehr zeigt sich jetzt in dem von der
Übertragungskybernetik mehr und mehr freien und zum
gemeinsamen Wahrheitssuchen werdenden therapeutischen
Gespräch, daß die neurotische Fesselung schwindet, daß
die Organe der Seele für ein reicheres Welterleben aufgehen und die Fähigkeit wächst, die Lebensaufgaben zu bewältigen.

Bei jeder Individualität wird dies in anderen Formen
vor sich gehen. Der eine hat vielleicht bisher an einem Detail der Natur wissenschaftlich gearbeitet, kalt verschlos-
sen gegen alles ontologische Staunen, gegen die phänome-
nale Wunderhaftigkeit dessen, was Natur wirklich ist. Jetzt
erst kann sie ihn ergreifen mit ihrer unermeßlichen Schönheit. Ein anderer ging tagtäglich um mit dem Evangelium,
mit den Berichten des Alten und Neuen Testaments, mit
den Schätzen der theologischen Tradition — aber noch nie
»hörte« er in der Tat, »hörte« er in der Tiefe seiner Seele
den echten Widerhall dieser unvergleichlichen Präsenz und
unvergleichlichen Geöffnetheit, die wir Glauben nennen.
Vielleicht beginnt seine Taubheit sich zu lösen. (Das kann
sich auch in ganz nüchternen kleinen Szenen schon anbahnen. So berichtete z. B. ein Pfarrer stolz, er habe gestern
viermal über die Verse von der Freiheit im Galaterbrief
gepredigt. Auf die Frage: »Wie denn das?« gab er zurück,
er habe seine Predigt auswendig gelernt und jedesmal innerlich abgelesen. In das spontane Lachen des therapeutischen Partners stimmt er nach einer Schrecksekunde »befreit« ein.) Ein anderer wirkt als Erzieher, aber er zittert
nur um sich selbst in seiner Rolle auf dem Katheder und

vor dem Kultusministerium. Jetzt beginnt er sich erstaunt zu fragen, wer denn diese Kinder seien, welcher Zukunft sie entgegengehen mögen, und ob eigentlich etwas von wirklicher Liebe zu diesen Kindern in ihm sei.

Die wenigen Beispiele zeigen uns: es geht immer um Wandlung, um Preisgabe starrer Gesetze der Ichsicherung, um ein Ergriffenwerden von Größerem. Daraus strömen neue schöpferische Impulse.

Nicht ohne Krisen freilich können solche Entwicklungen vor sich gehen, Rückfälle in alte Übertragungshaltungen, tote Punkte der Verzweiflung sind dabei fast unvermeidlich. Über lange Wegstrecken hin können sich zähe Kämpfe mit unterschiedlichen Waffen abspielen.

Einseitig würden wir dabei den ganzen Vorgang beleuchten, wenn wir nicht darauf hinwiesen, daß ja auch der Therapeut sich redlich mit seinem Patienten auseinandersetzt und dabei nie darum herumkommt, sich auch mit sich selbst neu auseinanderzusetzen — sich wohl erinnernd an die Krisen, Irrungen und Befreiungen seines eigenen Weges. Das aber impliziert auch wiederum die Stellungnahme zur sozialen, geistigen, politischen und religiösen Problematik der gesellschaftlichen Räume, in denen der Patient sich zu orten versucht, in denen er den Sinn seiner Selbstverwirklichung sucht, vielleicht vergeblich sucht und nicht finden kann. Alle Schritte, die der Patient während der Behandlungszeit tut, sind ja von ihm, dem Therapeuten, mit zu besinnen, mit zu meditieren. Immer neu ist er gezwungen, in die Tiefe seiner eigenen Verantwortung zu steigen, sie zu befragen und zu differenzieren. Nur so kann das Heilungsgeschehen zur *gemeinsamen Wahrheitsfindung* werden.

Wir sehen also, daß der Heilungsvorgang mit seinen vielstrahligen Radien der Auseinandersetzung eine höchst dynamische Interaktion darstellt, die von beiden Seiten ganzes Dabeisein verlangt. Immer ist es aber auch ein Geschenk des Lebens, eine »Huld der Götter«, wenn durch diesen vielschichtigen Prozeß der Patient zum Einklang, zur Versöhnung und zum schöpferischen Frieden mit den Grundbedingungen menschlicher Existenz gelangt, oder sagen wir lieber ganz einfach, wenn er »auf den Weg« findet.

III. Vom Wesen der Neurose

Vorbemerkung: Die transzendierenden Funktionen der Seele

Zum Wesen der Neurose gehört eine Störung in den »transzendierenden Funktionen« der Seele. (Das Wort Funktion verwenden wir nicht im Sinne des berechenbaren, steuerbaren Ablaufs; wir bezeichnen mit ihm gerade die lebendige Spannkraft des schöpferischen seelischen Lebens.) Psychologisch lassen sich die transzendierenden Funktionen bezeichnen als die *Erinnerungskraft der Geschichtlichkeit,* als *Phantasie* im Sinne der Schaukraft, die das Mögliche und das Wesentliche erschließt, als *arbeitendes Gewissen,* das in lebendiger Entscheidung verhärtete Gesetze und Gebote umzudeuten und zu vertiefen vermag, und endlich als die Kraft der *Liebe.* Denn Liebe überschreitet, weckt, wandelt, erschafft.

Erinnerungskraft beruht auf der Partizipation der Seele an der Welt. Von je sammelte die Seele ihre Bilder, bewahrte das Entzücken und das Staunen, aber auch das Leid und den Schrecken, die dem erwachenden Menschen von früh an zuteil werden. Sie bewahrt den Schatz der Lebensmomente, »lernt« vergleichend, vertieft sich, wird reich im Einmaligen ihres Werdens. Und wie Liebende zueinander sprechen: Weißt du noch?, so kann die erinnernde Seele zu sich sprechen: Weißt du noch? Darin vermag Glück und Unglück, Macht und Ohnmacht, Rätsel und Erhellung — darin vermag das Geheimnis der Existenz zu erklingen.

In der *Phantasie* als transzendierender Funktion lesen wir die Kraft, das Wesen der Dinge schauend und horchend zu erschließen und damit Aufschwung zu verleihen aus

Enge und Gefangenschaft des unmittelbar Gegebenen. Sie verleiht Offenheit für das verborgene Ganze der Wirklichkeit und ihren transrationalen Sinn, wie er sich widerspiegelt in der Schönheit, der Form und der Ordnung des Lebens.

Wenn wir vom *Gewissen* als einer transzendierenden Funktion sprechen, dann denken wir nicht an die Gesetzlichkeit der Moral und die Strenge des Über-Ichs, sondern an den spontanen Sinn für das, wodurch Geschichte sich überhaupt weiterentwickelt als Neuwerdung und Umstrukturierung menschlicher Bewußtheit. Gewissen in diesem Sinn ist Empfindsamkeit für den Appell des Humanum, des Seins von Mensch zu Mensch. Lernend differenziert und verfeinert es sich. (Das kann immer nur in den »Wenigen« geschehen, nicht in der Masse, die am Hergebrachten festhält oder das Hergebrachte zerschlägt.)

Das so häufig mißbrauchte Wort *Liebe* verlangt die tiefste Besinnung. Ohne den Geist der Liebe ist alles Leben nur eine Erstreckung auf seine Todverfallenheit hin. Die Liebe schenkt uns Ort, Wurzel, unzerstörbares Vertrauen, gnadenhaften Reichtum fürs ganze Leben. Aber gerade sie verlangt auch wiederum die Anstrengung der Bereitschaft, uns zu wandeln; sie verlangt das Dabeisein des Herzens bei unseren Begegnungen mit Menschen und Dingen, mit der Natur, in die wir gestellt sind, mit dem geistigen Raum, aus dem wir leben und uns selbst gewinnen. Wenn wir nicht bereit sind, in die »Augen des ewigen Bruders« (Stefan Zweig) zu blicken, die Augen dessen, der durch uns leidet, so erstarren wir und finden keine neuen Wege.

Die genannten transzendierenden Funktionen der Seele meinen nichts Abstraktes. Sie bezeichnen vielmehr die ganz unmittelbaren Strömungen menschlichen Seins und menschlicher Gemeinschaft in ihrer Konkretheit. Besonders ist hier zu denken an die seelische Umhausung, in der der Mensch das Licht der Welt erblickt und sich vom ersten

Atemzug an entfaltet. Die Lebendigkeit der transzendierenden Funktionen oder aber ihre Abstumpfung und Verfälschung bilden die Atmosphäre von Welt, die das Geborene einatmet; sie wirken sich aus in der Art, wie die Mutter den Säugling stillt, wie sie dem Kind ein Stück Brot reicht, in der Art, wie der Vater das Schreien, das Lächeln, das erste Ichsagen des Kindes aufnimmt. Im Ton und Klang, in dem die Mutter dem Kind ein Märchen erzählt, der Vater ihm seine ersten Fragen beantwortet, in der Weise, wie das Kind die Liebe seiner Eltern zueinander fühlt, die es allmählich teilnehmen lassen an ihrem eigenen Leben und Erleben: in all dem gründet sich Weltvertrauen und Identität des Kindes. Wenn aber die transzendierenden Funktionen erstarrt sind ins Nur-Jetzt, Nur-Hier, Nur-So, dann ist die Gefahr neurotischer Entwicklung gegeben.

In den transzendierenden Funktionen schwingen alle Grundbedingungen unseres Seins; sie bilden die Dynamik, das »Fahrzeug«, das den Menschen vor seine Grundbedingungen trägt. In ihnen »antwortet« der Mensch. In ihnen setzt er sich auseinander mit der Gottheit und mit sich selbst. Wenn aber die transzendierenden Funktionen sich verschließen, verschrumpfen, verrosten — dann kann es leicht zum neurotischen »Unglücklichsein« kommen. Alle helleren Horizonte um das kleine Ich verdunkeln sich. Das Ich versinkt in Angst, es rechtfertigt sich durch sein eigenes Rechthaben, oder es steigt auf zu jener stolzen Hybris, die nicht weiß, daß sie sich selbst annulliert.

Es gibt bestimmt geartete Humanfelder, die sich als Pflanzstätten der Neurose erweisen. In ihnen wächst das existentielle Unglücklichsein heran, als das wir die Neurose bezeichnet haben. Im Folgenden werden wir versuchen, ganz konkret und indem wir immer wieder die seelisch Leidenden selbst zu Worte kommen lassen, die Hauptformen der Neurose sowie die entscheidenden Wendepunkte der

Heilwerdungen zu skizzieren. Fern von jedem lehrbuchhaften und systematischen Anspruch haben wir die Neurosenformen benannt als den paradoxen Niemand, den schwermütig Hadernden, als den erbittert gegen das Böse Rechtenden und endlich als den Bemächtiger verschiedener Prägungen.

1. Der paradoxe Niemand (Schizoide Struktur)

»Ich bin austauschbar, ich könnte ebensogut auch *nicht* sein.« Wir haben es zu tun mit dem schwer zu beschreibenden Menschen, der »normal funktioniert«, aber eben — *nur* funktioniert. Man könnte sagen: warum denn nicht? Ein solcher Mensch lebt eben auf Sparflamme, das kann doch seine Berechtigung haben. Möglich. Wir sprechen aber von dieser Verfassung als Neurose, von jenem spezifischen Unglücklichsein also, als das wir die Neurose kennzeichneten. Wir haben den Menschen vor uns, der unter dieser seiner »Dumpfheit« *leidet*. Er empfindet sie im Innersten als Qual, als eine Schuld, als ein Versagen dem Leben gegenüber und kann sie doch nicht durchbrechen. Er wird mehr gelebt, als daß er selber lebte — und weder Stürme noch Krisen, weder Abstürze noch Aufschwünge scheinen seinen schmalspurigen Weg zu verwirren. Er macht zwar Revolten mit, aber er macht sie eben bloß mit.

»Mein Leben verlief farblos. Gewiß, eine Zeitlang ging ich bei Revolten und Demonstrationszügen mit; und eine mir sonst ganz unbekannte Wildheit überkam mich, wenn ich Pflastersteine schmiß. Aber im Grunde fand ich es sinnlos. Ich lief eben neben den anderen her, wenn ich gerade nichts Wichtigeres zu tun hatte. Aber bald gab ich es auf. In jenen Momenten der Wildheit, da merkte ich es: da ist einer in mir, der will die ganze Welt mit ihren Einrichtungen zerschlagen aus lauter Ärger und Wut, daß alles so ist, wie es ist. Aber was soll's? Ich bin nicht verrückt genug, um mich vor den Staatsanwalt bringen zu lassen.«

Immer haben andere die Entscheidungen getroffen, die Gedanken gedacht, die für diesen Menschen maßgeblich sind. Aber dennoch, im Innersten fühlt er eine quälende Trauer über die Passivität seiner Existenz, über seine von keinem Auge bemerkte »Trägheit«. In seinem bewußten Selbstverständnis ist nichts, das aufflammen möchte, drängt ihn nichts, irgendwo sein eigenes und einmaliges Signum zu setzen. Wenn er auf sein Leben zurückblickt, da gibt es nichts, das er wieder zu sich herholen möchte, nichts, das leuchtende Spuren in seiner Geschichte hinterlassen hätte. Farblos, immer das Nötigste an gebotener Pflichterfüllung ausübend (gewissermaßen in chronischem Bummelstreik gegen das Leben), so steht dieser Mensch in der Welt, als habe er kein »Wort« empfangen, keinen Namen, keinen Anruf mit seinem Eintritt ins Dasein. Wieso denn ich? Wer bin denn ich? Er verleugnet gleichsam den einmaligen Auftrag, die einmalige Chance, die einzig und allein in allen Unendlichkeiten von Zeit und Raum nur er erhalten hat, die nur er allein wahrnehmen kann.

Der paradoxe Niemand steht in der Welt, als habe er kein »Wort« empfangen — was das aber heißt, gilt es zu ergründen. Oft genug haben wir dies ganz konkret zu verstehen. Denn seine Frühzeit ermangelt der personalen Wärme, der Freude an ihm, dem Geborenen, ermangelt des glücklichen ersten Dialogs zwischen dem Angekommenen und der ihn empfangenden Mutter, den ihn empfangenden Eltern. Oft handelt es sich um Kinder, die unerwünscht waren, die als factum brutum hingenommen werden mußten, und gegen die ein Widerstand im Herzen der Eltern verbleibt. Die verschiedenen Lebensumstände, unter denen solches geschieht, können hier nicht umrissen werden. Man denke an die Kinder, die in Heimen heranwachsen; man denke aber auch an Eltern, die dem Kind gegenüber ihre »Pflicht« tun, aber auch nicht mehr; die weckende, die zärtliche, bergende und lockende Aura der

Ersterfahrung fällt aus. Kalt und stumm, ohne Sonne, wird die Welt erlebt. Im tiefsten Wesen verbleibt der Zweifel, ob man überhaupt willkommen sei, bleibt der Schmerz der Enttäuschung. Denn der Mensch ist ein Wesen, das auf Liebe angewiesen ist.

In der verborgensten Wesenskammer des Niemand bleibt gewissermaßen eine Osmose zum Nichts — oder auch zur Vernichtung.

»Ich bin austauschbar, ich könnte ebenso gut auch *nicht* sein.« Darin besteht die Grundgestimmtheit des Niemand, aber doch liegt darin auch ein Stachel, ein Leid, ein »unbewegtes Umgetriebensein«, ja ein Schuldgefühl. Betroffen blickt er auf solche ihm Begegnenden, die mit Leidenschaft, mit brennender Hingabe, mit der Sorge, sie könnten zu früh sterben, bevor sie sich schöpferisch ausgewirkt haben, ihre Bahn verfolgen. »Seltsam, ich selber könnte doch heute sterben, oder in zehn Jahren — was würde sich denn dadurch in der Welt ändern?!«

Und dennoch gibt es Momente, in denen etwas in ihm urplötzlich wach ist und mit grausamer Schärfe seine Seinsweise als einen Betrug an der Gottheit, an allem Göttlichen in der Welt verurteilt. Solche Momente verscheucht er als böse, als gefährliche Stimmungen.

»Ich habe eine Frau, wir sind einander recht gleichgültig, ich habe ein kleines Kind, das sicher ganz reizend ist — bloß, was soll ich mit ihm anfangen? Von Zeit zu Zeit gibt es auch mal ein sexuelles Rencontre mit irgendeiner hübschen Frau meiner Bekanntschaft. Aber das hinterläßt keine Spuren bei mir. Ich kann es ziemlich schnell wieder vergessen. In meinem Beruf habe ich es ständig mit Kindern zu tun. Aber was man so nennt: mit dem Herzen dabei sein, das kenne ich nicht. Für mich sind die Kinder Objekte, die man nach den neuesten und richtigsten Methoden zu behandeln hat. Und bin ich nicht selbst auch bloß Objekt, ein Rädchen im ganzen Apparat? Noch nie hat ein Vorgesetzter mich beanstandet!«

Und doch spürt dieser 35jährige eine Not, das unbestimmte Gefühl, daß es anders werden müßte mit ihm. Sein Langweiligsein ist ihm unheimlich. Sein Unglücklichsein läßt sich in Worten schlecht beschreiben. Aber in Bildern aus dem Unbewußten kann es u. U. mit scharfer Präzision angeleuchtet werden. So bringt er einen Traum, der seine Gestimmtheit eigenartig zusammenrafft:

»Ich sehe den langsamen Trott eines langen Zuges vermummter Gestalten in Richtung auf einen unabsehbar ausgedehnten Totenacker. Vor der Friedhofsmauer bleiben sie stehen und urinieren an der Mauer. Dann setzt sich der langsame Trott wieder in Bewegung.«

Wenn dieser Mann sagte: Mit dem Herzen dabei sein, das kenne ich nicht — rührte er damit nicht unwissend ironisch an die Mitte, das geheime Zentrum allen Antwortens des Menschen auf die vielschichtige Wirklichkeit, für die die Organe der Seele sich erschließen sollen, sich erschließen dürfen?

Es bleibt eine empirische Frage der Beobachtung, ob der unbewußte seelische Tiefenbereich des paradoxen Niemand, der schizoiden Neurose, jeweils mit »Aggression« geladen sei. Auf alle Fälle scheint er uns geladen mit einem dunklen Drang zum wirklichen Menschsein. Bei einem Niemand wie dem soeben beigezogenen ist die »Aggression« vollständig umgesetzt in die Maschinenhaftigkeit seines Daseinsstils. Aber wir begegnen in diesem Formenkreis auch manchen Menschen, bei denen unter der Asche und den Lavaschichten des Vulkans immer noch plötzliche, gewaltige Erdstöße vor sich gehen können.

»Wenn ich die Bücherwand überblicke, so wird mir übel vor diesem grauen Meer von Buchstaben. Feindlich jeder von ihnen, böse, giftig, geizig starrt er mich an. Da sacke ich ab in eine Ödigkeit der Verstimmung, in der ich mich erbrechen möchte, aus der ich mich nicht mehr befreien kann. Alle diese Buchstaben werden zu einer Flut von Dreck, die mir die Kehle verstopft; ich würge vor Elend und mich packt eine sinnlose Wut: alles zerreißen, alles kaputtmachen. Und jeden, der sich mir nähert, mit Fußtritten hinausschmeißen!«

Solchen Ausbrüchen folgen wieder lange Zeiten eines scheintoten Friedens, in dem sich die seelische Teilnahme an der Welt einschränkt auf Geld, Valuten, Börsenkurse, und alles abgeschaltet bleibt, was darüber hinausführen könnte. »Wie ein mumifiziertes Wesen mache ich meine täglichen Gänge zur Bank.« Und doch, vergessen wir nicht: da ist ein leidendes Kind, das in zarten Lebensanfängen von Freude und Güte nicht umfangen war, das sich in langsamen, schmerzlichen Erfahrungen herausgeschlichen hat aus der blühenden Welt der unendlichen Möglichkeiten. Und nun begegnet es uns in dieser Gestalt mumifizierten Menschseins. Aber in dem paradoxen Niemand, in dem erloschenen Vulkan brodeln noch heiße Massen.

Existentielle Dumpfheit kann mit einem hohen »dünnen« Intellekt, mit hoher »dünner« Sensitivität (oft mathematischer oder ästhetischer Art) gepaart sein, und gerade dann leidet der Niemand am meisten unter sich selbst. Wo ein gesund vernehmender Mensch erzittert unter einem dunkel strahlenden Wort voller Botschaft, da fängt auch er, der paradoxe Niemand, vielleicht einen Strahl auf, aber nur, um schnellstens die Jalousien der Seele herunterzulassen. Dabei aber spürt er seine Nicht-Antwort, Gefangenschaft und Lebensferne wie mit einem fremdartigen Vorwurf, der leise pocht wie der Nerv in einer verkapselten Wunde.

»Ich bin beleidigt darüber, daß ich so bin, wie ich bin, aber darüber, *daß* ich beleidigt bin, bin ich noch mehr beleidigt.«

Nicht etwa in selbstironisches Lachen löst sich eine solche Kreiselaussage auf; im Gegenteil, von bitterem oder auch von weinerlichem Ernst wird sie begleitet. »Weitermachen, weil man da ist!« Es gehört Phantasie, es gehört Schaukraft des Herzens dazu, um das Ausmaß an Freudlosigkeit zu ermessen, wenn eine solche Devise als einziger Lebensimpuls von einem jungen Menschen geäußert wird.

»Nichts hinterläßt Spuren bei mir. Auch angenehme Ereignisse sind bald wieder gleichgültig. Ich strebe stets danach, mich mit dem Interessanten zu befassen, nur — ich selber bleibe uninteressant. Wirklich interessiert hat sich deshalb auch nie jemand für mich. Wenn es mal zu geschehen schien, dachte ich sofort: Da ist der Wurm drin. Man achtet mich, aber man faßt mich nicht recht an; man geht um mich herum, zählt mich nicht eigentlich mit.«

Wer sollte vermuten, daß der so Sprechende ein körperlich gesunder junger Mensch ist, befaßt mit einem Beruf, der von menschlichen Kontaktmöglichkeiten strotzt, und in dem es um geistige Entwicklungen geht, die die ganze Epoche in Atem halten?

Ja, was ist existentielle Schuld? In nichts anderem besteht sie, als darin, sich selbst der Welt schuldig zu bleiben, nicht mitzuspielen im Spiel des Lebens. Immer scheint sie im individuellen Einzelfall reduzierbar auf die Fakten der Genese und insbesondere die atmosphärischen Valenzen des Humanfelds. Und doch ist der Mensch ja das Wesen, das immer auch »anders kann«. Das feine Panzerhemd der Seele, in das er einmal geschlüpft ist, um sich zu schützen, das hält er ja nun selber um sich fest. Eine Unlust des Selbst — es sträubt sich, Dank dafür zu empfinden, daß es *ist*.

»Einmal, als ein Professor, dessen Rang ich hochschätzte, sich im Seminar zu einer ganz emotionalen, ganz persönlichen und fast enthusiastischen Qualifizierung eines schwierigen Textes hinreißen ließ, da war mir das peinlich, da schämte ich mich für ihn; ich urteilte: wie kann er sich nur so vergessen? Und doch — gleichzeitig beneidete ich ihn auch.«

Beim paradoxen Niemand scheint irgendwie der innere Dialog zwischen Seele und Welt abgebrochen, verstummt — oder war er nie in Gang gekommen? Zeit und Tod, sie hauchen ihn nicht an aus ihren rätselhaften Urgründen, sie sind nicht die Ruten, die über den Wasseradern der Seele aufzucken. Das Geschlecht? »Gewiß«, so äußerte sich eine reizvolle junge Frau, »einen Mann soll mir das Leben auf dem Präsentierteller anbieten, wenn ich mal gerade Lust dazu habe. Aber dann soll er auch wieder verschwunden sein.« Nichts soll Bindung ergeben, nichts ein Risiko einbringen, aus dem Verantwortung zuwüchse. Vergangenheit und Zukunft gleich wesenlos. »Weitermachen, weil man nun mal da ist.«

»In meinem Leben gibt es keine Erinnerung, die mich schaudern ließe, keinen Schmerz, der süß und bitter wäre. Und doch: *wäre* es doch so! Ich will es nicht, und ich will es doch.«

Der Antagonismus des Wollens und Nichtwollens den Gewalten des Lebens gegenüber, den Gewalten in sich selbst gegenüber erinnert an den Trotz eines Kindes, das beiseite steht, wenn die anderen Kinder spielen, das nichts sehnlicher wünscht, als daß die anderen Kinder es holen möchten und doch nichts mehr fürchtet als dies; und wenn sie es holen kämen, würde es weglaufen.

Unerschüttert sein von den Millionen an Lichtjahren, die jene Galaxis brauchte, um in unser Teleskop zu kommen — und ebenso unerschüttert von der Stunde, die mir geboten ist, um mein winziges Licht zu entzünden: heißt das nicht, sich dem großen und unbekannten Werk zu entziehen, das der Menschheit aufgetragen ist? *Dieses* Instrument im Orchester des Ganzen schweigt. Es will schweigen. Und doch — *wo läßt es seinen Klang?* Ist sein Schweigen nicht sein eigentliches »Unglück«?

2. Das schwermütige Hadern (Depressive Struktur)

Welcher Mensch, der einer tiefdringenden Reflexion des Lebens, der Welt und der Geschichte aufmerksam erschlossen ist, kennt wohl nicht die Stimmungen der Schwermut? Ihnen standzuhalten, auf sie mit dem Reiferwerden unserer Existenz und dem Liebenderwerden zu antworten, gerade das ermöglicht den Aufschwung der Freude. Es gibt wohl wenige große Schaffende, die nicht vertraut wären mit dem Gesicht der »Melancholia«, wie Dürer sie gestaltet hat, mit jenem Klang elementarer Klage (»Das Wasser geht mir bis an die Seele«), die wir in den Psalmen Davids vernehmen. Die herrlichsten Werke, die bedeutendsten Erkenntnisse mögen aus solch dunklem Licht schwermütiger Erhellung unserer Existenz hervorgegangen sein.

Für unsere Fragestellung gilt es, die Grenze sichtbar zu machen, an der die kreative Schwermut sich unterscheidet vom frustrierten, nur um das kleine Ich zitternden, auf Rettung und Sicherung bedachten Hadern der Neurose — in dem doch zuweilen auch Züge jener großen Schwermut zu vernehmen sind.

Immer ist es Angst, anklagender Vorwurf gegen die Last der Existenz und unersättlicher Wunsch nach einer Liebe, die so absolut ist, daß sie für mich diese Last überwindet, gleichsam aufhebt. Ganz offen kann sich das in der quälerischen und selbstquälerischen Unzufriedenheit des depressiven Menschen kundtun, aber es kann ebensowohl im Unbewußtsein tief versteckt wühlen, unter einer Oberfläche der Anpassung, der Gefügigkeit, der scheinbaren Demut und Unterwerfung.

»Meine Mutter und mein Vater waren einfach unvereinbare Naturen«, so klagt ein 30jähriger Patient. »Ich selbst sollte eigentlich gar nicht geboren werden. Das hat mir meine Mutter in einer schwachen Stunde selbst gestanden. Mein älterer Bruder sollte der einzige bleiben. Gerade an ihm hat sich der Konflikt meiner Eltern, wie ich vermute, am schlimmsten ausgewirkt. Nach mir kam kein Kind mehr, aber ich bin überzeugt, daß eine Periode ganz besonderer Affekte zwischen meinen Eltern damit zusammenhing, daß eben doch noch ein Kind unterwegs war, dessen Kommen mein Vater einfach ›verbot‹.

Ich war damals etwa drei Jahre alt. Was meine Mutter in der Angst vor der »Sünde« durchgemacht haben mochte, teilte sich meiner empfänglichen Seele aufs unmittelbarste mit. Alles, was sie an Demütigung und Kummer erlitt, trug sie in mich hinein — doch immer mit dem Anspruch verbunden, ich dürfe mich nie von ihr trennen, sie nie verlassen, ich müsse ein überaus braves Kind werden, das sie für alle Unbill entschädigen werde. Was Wunder, daß ich von früh an ein weinerlicher Einzelgänger war, mich gegen die anderen Kinder hinter meinen Spielsachen verbarrikadierte und immer in einer unbestimmten Angst um meine Mutter lebte: sie könne sterben, sie könne auf einmal nicht mehr da sein. Mit 16 Jahren nahm sich mein Bruder das Leben. Von da an wurde mein strenger Vater noch einsamer, unzugänglicher, finsterer. Meine arme Mutter aber flüchtete sich nun vollends in die Religion, der sie schon immer ergeben gewesen war. In allem und jedem richtete sie sich nach dem, was der Pfarrer sagte; und sie hatte bloß noch den einen Wunsch, daß ich einmal durch ein Leben von überragender Frömmigkeit alle Schuld der unseligen Familie vor Gott gutmachen solle. Ach, wie hat sie sich getäuscht Ein Glück nur, daß beide Eltern früh starben.«

Können wir uns wundern, daß unter solchen Voraussetzungen ein Mensch mit sich selbst und der Welt zerfallen, »hadernd« im Leben steht? Er kann mit sich selbst nicht Freundschaft schließen, denn weder der väterlichen noch der mütterlichen »Idee« kann er es recht machen. Im Grunde haßt er sich selbst und die Mitmenschen. Er bezeigt angstvolle und gefügige Unterordnung, wo er abhängig ist von der Beurteilung durch Vorgesetzte; dabei durchgrübelt er alle Werte und Normen auf ihre Unzulänglichkeit hin, die Werte und Normen eben, die er nach außen vertritt. Er giert nach Anerkennung, die sein schwaches Ichbewußtsein höher anfachen soll, mißtraut aber jedem Erweis von Anerkennung und mehr noch jedem Erweis von Zuneigung. Daß einer über ihn lachen könnte, treibt ihn in einsame Wut, und doch findet er sich selbst lächerlich in seinem radikalen Zweifel, in seiner Unsicherheit, die er nach außen verbergen muß hinter Haltung, Form und Leistung. Keineswegs liebt er die Leistung aus Freude am lebendigen Spiel der Kräfte, nein, zu einem Götzen hat er sie gemacht, der die Angst der Vergänglichkeit, der dies unstillbare Ungenügen kompensieren soll, zu einem Götzen, den er malträtiert und der auch ihn malträtiert.

Er spürt ja, daß ihm Leistung niemals das vermitteln kann, wonach er sich sehnt: die mystische Einheit, in der er geborgen wäre. Und so zerbröckelt die Kraft, aus der echte Leistung erwächst, immer mehr durch die gehässige Feindseligkeit, mit der er sie übermäßig erzwingen, sich mit ihr sättigen will. Durch sein grämliches Mißtrauen gegen seinen Körper und gegen seine geistigen Kräfte untergräbt er effektiv seine Gesundheit und seine intellektuelle Potenz.

»Im Inneren ächze ich wie unter einer Zentnerlast«, so klagt eine Psychologin, die sich durch ein eminentes Form- und Feingefühl für geistesgeschichtliche und sprachliche Probleme auszeichnet. »Am besten verstehe ich die melancholischen Dichter und Philosophen, die es schwer mit sich hatten. Aber dies Verstehen erfüllt mich nicht, zündet nicht, löst kein Strömen in mir selber aus, durch das ich einmal frei wäre von allen Bedenken, frei meine eigene Aussage wagen würde. Namenlos sehne ich mich nach der erfüllten Transzendenz, die nicht nur ein abstrakter Begriff ist. Wo ich Echtheit spüre, da bin ich fasziniert, sei es von einem Menschen, an dem ich mich festsaugen möchte, sei es von einem Werk. Aber doch bleibt meine eigene Seele arm und trocken. Immer wieder nahm ich einen Anlauf zu ›großer Kommunikation‹ — scheute weder die Kosten an Zeit noch an Geld. Aber es wurde nichts auf allen diesen Kongressen und Gruppen und Trainings, unfehlbar sank ich wieder in die geängstete Einsamkeit meines Innern zurück. In der Philosophie des christlichen Abendlandes habe ich viel gesucht — aber was ›Glauben‹ ist, das blieb mir ein Buch mit sieben Siegeln. Hat wohl mein Vater einstens durch seine hohe Unerreichbarkeit meine kindliche Seele zerbrochen? Oder war es die Mutter, die mit all ihrem angelernten Frömmigkeitsgetue doch nie so recht warm und herzlich sein konnte, die nie zärtlich war; in allem hat sie sich dem Vater unterworfen. Wie oft lag sie auf dem Sofa und jammerte, obwohl haufenweise Arbeit zu tun war... Auf Frauen sehe ich ein bißchen herab — mit Ausnahmen natürlich. Mit Männern habe ich mich stets ausgezeichnet verstanden, natürlich mit Männern von Geist. Aber auch die haben ja zuletzt immer das Eine im Sinn, das Sexuelle. Daß es einer Frau auch auf etwas anderes ankommen kann, das begreifen sie so schwer, diese hilflosen Tölpel. Warum bloß ist mein Leben Angst und Leerlauf! Gaben genug hat mir doch die Natur verliehen. Und doch, fast jede

Nacht überschwemmt mich Todesangst, und ich übertreibe nicht, wenn ich sage, jede Minute fühle ich, daß ich mein Leben verfehlt habe. Das furchtbare Leiden war umsonst. Ein gottverlassener Mensch... Was re-ligio wirklich ist, hat mich noch nie gepackt, sonst wäre ich ja nicht Tag und Nacht von Todesfurcht besessen...«

Das schwermütige Hadern kann sich nicht in die »Weltgesetze«, es kann sich nicht in die geheimnisvollen letzten Sinnzusammenhänge des Seins ergeben, sich ihnen nicht in der wissend-unwissenden Zustimmung des Vertrauens öffnen. Es kann nie erfahren, daß die Sätze »Gott ist« und »Es ist kein Gott« dasselbe besagen — denn beide sind nur menschliche Feststellungen. Immer wieder bringt sich der Depressive um den entscheidenden Reifungsschritt des Vertrauens. Er kann sich nicht versöhnen. Durch sein Hadern läßt er das nicht wachsen, was die fruchtbare Verdichtung einer vertieften Schau ergäbe. Durch sein Hadern mit den Mitmenschen und ihrem Ungenügen erzeugt er selbst die »Glasur«, mit der für ihn die möglichen Partner überzogen sind: dich lieben wir nicht, du gehörst nicht zu uns, dich wollen wir nicht dabei haben. Andererseits aber erschreckt er die, die sich ihm zuwenden, durch die Wildheit, mit der er sie nun ganz und gar an sich reißen möchte, ganz für sich allein vereinnahmen will. Eine Ersatz-Ewigkeit möchte er in ihnen einschlürfen.

Erfolge im äußeren Leben können diese Gestimmtheit der Seele nicht überwinden. Durchdringt sie doch alle Grundbedingungen menschlicher Existenz. Du bist nichts, ein ungeborgenes, verlorenes Kind in einer Welt der Grausamkeit und des Verfalls. Die schönen Worte des Predigers (Pred. Sal., 3): »Ein jegliches hat seine Zeit, und alles Vornehmen unter dem Himmel hat seine Stunde... und so sah ich denn, daß nichts Besseres ist, als daß ein Mensch fröhlich sei in seiner Arbeit« — der Hadernde verkehrt sie ins Gegenteil. Eben *weil* alles bloß seine Zeit und bloß seine Stunde hat, deshalb kann man *nie* fröhlich sein. In der Angst vor der Zeit, die ihm ja jeden Augenblick seine Freiheit anbieten möchte, ruft er den Tod schon in die Präsenz, stirbt, mit Shakespeare gesagt, tausend Tode.

Mit tiefliegender Abwehr ängstigt er sich vor der Grundbedingung des Geschlechts. Meint doch das Wort Geschlecht nicht nur die Polarität von Mann und Frau, sondern auch die Sequenz der Geschlechter. Daß er aber einmal einem Kind durch seine, seine eigene personale Substanz, nicht nur das Leben, sondern auch den Mut zum Leben verleihen soll — das läßt ihn im tiefsten erzittern und verzagen. (Aber er heiratet doch, denn für sich selbst möchte er »geborgen« sein.)

In allen diesen Bewandtnissen finden wir den Grund dafür, daß schwermütiges Hadern sich immer unbestimmt und qualvoll schuldig fühlt. Freilich sucht der Hadernde die Ursachen seiner Schuld und seines Unglücklichseins da, wo sie gar nicht sind, bei einem Unheil, das er gar nicht angerichtet hat und das er gar nicht kennt. Geht es ihm im Grunde bei diesem ruhelosen Suchen vielleicht doch um den »gnädigen Gott«, den er als so ungnädig erfährt? Ringt er um die Liebe eines Gottes, auf den er ja, wie seine ganze Gestimmtheit bezeugt, gar nicht vertraut? Nur als das große »Nein« ist er da, dieser Gott, als die Mauer, die den Garten der Erfüllung verschließt. Wo der Psalmist in jubelndem Triumph bekennen kann: »Mit meinem Gott springe ich über die Mauer« (Ps. 18) da empfindet der schwermütig Hadernde ganz im Gegenteil, daß Gott die Mauern errichtet, über die der Mensch niemals springen kann.

Alle die bunten Genüsse, die lustvollen Wonnen, die doch scheinbar jedermann genügen, um ihn über das Grau des Alltags, über die gefahrdrohende Zukunft hinwegzutäuschen, sie können ihn nicht sättigen. Auch die Kunst befreit ihn nicht vom Weh des niemals gelingenden Verschmelzens mit dem menschlichen und dem göttlichen Du. Im Gegenteil, sie steigert es noch. Man möchte sagen: er mißbraucht die transzendierenden Funktionen der Seele, um in ständiger Enttäuschung das Eintauchen in die Tiefe mystischer Alleinheit, in eine Raum- und Zeitlosigkeit zu suchen, die dem menschlichen Wesen nicht gewährt ist.

»Ich war zu Gast bei einem reichen Freund und aß an seiner Tafel mit Genuß von den köstlichen Speisen, die aufgetragen wurden; aber, auf einmal merkte ich, daß ich Nägel und Eisenspitzen mitgegessen hatte, daß diese mir den Magen durchbohren würden und daß ich umkommen müßte.«

So lautet der Traum eines depressiven Mannes in der Lebensmitte. Nicht lange danach träumt er (er ist der Sohn eines Landwirts):

»Mein Vater ist bei der Kornernte beschäftigt, rechts und links von der Maschine fallen die reifen Garben. Da wird ein Kind von den Messern der Maschine ergriffen und schwer verletzt. ›Jetzt kann ich nicht aufhören‹, ruft mein Vater, ›erst muß die Ernte drin sein!‹ Das Kind aber verblutet zwischen den vollen Garben.«

»Meine Mutter hat meinen Vater verlassen, deshalb gehe ich aus dem Leben«, — diese Worte in steiler Schülerhandschrift standen im Abschiedsbrief eines 17jährigen, der sich von der Spitze eines Kirchturms stürzte. Selbst wenn man nichts anderes weiß über die psychologische Vorgeschichte, die zu dieser Kurzschlußhandlung führte, eins ist sicher: daß hier alles Licht, das der Mensch dem Menschen sein und ihm dadurch Heimat geben kann, erloschen war. So völlig verdunkelt und vernichtet kann dies Licht werden, daß auch der letzte Ort, auf dem ein Mensch in der Welt Fuß fassen kann, ihm unter den Füßen weggezogen wird.

Der schwermütig Hadernde kann es immer nur als Leid empfinden, in die Grundbedingungen seiner Existenz geworfen zu sein, die ihm zumuten, mit den Abschieden auf jeder neuen Stufe seines Lebens fertig zu werden, ohne zu zerbrechen, ja gerade daran die Kraft seiner Identität zu finden. Ist nicht die Gottheit unerreichbar fern und läßt uns Menschen im Stich? Wohl scheint sie uns, so wird es ja verkündigt, Versöhnung anzubieten, aber sollte das nicht einzig und allein ein ungeheurer Wunschtraum der Menschheit sein, ein rettender Wunschtraum, den die christliche Theologie im kristallenen Dom ihrer Dogmatik aufbewahrt, verabsolutiert und — sterilisiert hat?

Gerade unter den Depressiven finden wir häufig Menschen, die sich, wie sie meinen, voll und ganz der Kirche untergeordnet haben, die es ernst nehmen mit ihrer Religion und doch nur an einer trockenen Wurzel saugen, statt Brot zu essen. Man möchte als Psychotherapeut oft meinen, daß alles, was Menschen an neurotischer Pervertierung des Lebenssinnes nur aufbringen können, sich in ihren religiösen Überzeugungen investiert. Das gilt keineswegs nur für die Depressionsneurose! Man kann einen Freud allzu gut verstehen, wenn er die Religion als Menschheitsneurose bezeichnete — nur daß er dabei das Kind mit dem Bade ausschüttete; für das Phänomen des echten Religiösen besaß er kein Organ, was er ehrlicherweise selbst zugab. Um dieses Phänomen hat C. G. Jung sich intensiv bemüht, so wie auf ganz andere Weise F. Künkel in seinen späteren Werken.

3. Das erbitterte Rechten (Zwanghafte Struktur)

Die Auseinandersetzung mit der Frage nach Gut und Böse gehört wohl zur Identitätsfindung jedes bewußt reifenden Menschen. Beim lebendig Erfahrenden kommt diese Auseinandersetzung nie zum Stillstand und währt durch die verschiedenen Lebensphasen in wechselnden Bedeutungsräumen. Stellt unser Gewissen doch nicht eine fest-geprägte, unveränderliche Instanz der Wertung und Normierung dar, sondern ein ständig sich verfeinerndes Organ für den Sinn des Menschlichen, im Einzelnen wie in der Gesellschaft. Aus diesem Grunde zählen wir es ja auch zu den transzendierenden Funktionen der Seele.

Durch seine Erziehung wie auch durch die herrschende Gesellschaftsordnung wird im Einzelnen das Gefühl und die Urteilskraft für das Gute und das Böse entwickelt. Aber trotzdem bleibt das Gewissen in ihm eine von dieser Formung nie völlig festlegbare Instanz, weil es in jeder Situation neu prüfen kann, ob die überlieferten Maßstäbe und Gesetze noch richtungweisend sind, oder ob neue Unterscheidung, neue Interpretation nottut. Wer sich ausschließlich an die überkommenen Lehren und Regeln hält, verfällt der Gefahr der Verknöcherung seines Gewissens, denn das Gewissen selbst ist nicht eindeutig, nicht einspurig. Einerseits mahnt es zur Befolgung der von der Allgemeinheit als gültig tradierten Gesetze und Normen des Handelns, andererseits aber kann es in Situationen, die das Leben überraschend herbeiführt, die Beschränktheit der tradierten Norm erkennen und eine Freiheit erfahrbar machen, die das auch von den Moralgesetzen *ursprünglich* Gemeinte mit neuem Leben erfüllt. Deshalb unterscheiden wir zwischen dem Moralgewissen und dem *Reifungsgewissen* oder der *Wahrheitsstimme*.

Wo durch den machtvollen Einfluß von Institution und Tradition das Organ des Gewissens manipuliert, wo es unveränderlich festgelegt worden ist, wo es in seinen Urteilen nur noch maschinell arbeitet, da wird das Reifungsgewissen abgetötet und die ursprunghafte menschliche Freiheit erstickt. Der Mensch empfängt keine Strahlung und Erhellung mehr in seinem Existenzbewußtsein; er hat sich verhärtet und abgesperrt gegen die Wahrheitsstimme, die doch aufmerksam macht auf das sowohl in der

Geschichte des Einzelnen wie in der Geschichte der Menschheit fällig werdende »Neue«. Das Neue muß gehört und vernommen werden, sonst bliebe Geschichte ein Am-Ort-Gehen. Aber das Neue sprengt das Gehäuse der Sicherheit, es erfordert die Arbeit der Umwertung aus personaler Stellungnahme und personalem Wagnis – unter Umständen Kampf bis zum Einsatz des Lebens.

Lange Perioden hindurch, im Einzelleben wie in der Geschichte, kann das Moralgewissen völlig genügen, um den Menschen die sinnvolle Erfüllung seines Seins erleben zu lassen. Aber es kommen die Wenden, die Augenblicke, in denen kreative Umgestaltung, neue Sinndeutung gebieterisch ihr Recht verlangen. Machtvoll sind die Gewalten, die sich dem Neuen entgegenstemmen: sie bestehen aus dem Willen zum Beharrenden, wie es nun einmal galt und gilt, aus Furcht vor Entscheidung und Verantwortung. Die Furcht, nicht mehr zur Herde zu gehören, nicht mehr »wie alle« zu denken, verdächtigt und ausgestoßen zu werden, läßt den Menschen verzagen. Der Vorwurf des Ungehorsams, des Ketzertums, trifft das Reifungsgewissen, lähmt die Wahrheitsstimme, bringt den personalen Mut neuen Antwortens in Verruf. Wer kann da diesen Mut aufbringen?

»Nach drei Jahren strenger Vorbereitung auf meinen Dienst in der Mission, Jahren, in denen ich mich bis zu übertriebener Askese bemüht hatte, den Geboten und Anforderungen, die an uns gestellt waren, gerecht zu werden, ja meine Mitbrüder zu überbieten in der genauen Befolgung aller Gesetze und Vorschriften unseres Ordens, ging ich am Abend nach der Einweihungsfeier ganz allein in die kleine Kapelle unseres Hauses, um zu beten. Ich kann das Erschrecken nicht beschreiben, das mich überfiel, als ich zu dem Cruzifixus emporschaute und in seinem Antlitz nichts anderes las als Zorn, als kalte Abweisung, als sage er mit jeder Miene: ›Du wirst mich über kurz oder lang verraten.‹ Weinend und im tiefsten erschüttert stürzte ich in den nächtlichen Garten. Ich konnte mich gar nicht fassen, und in später Nacht noch suchte ich meinen Vorgesetzten auf, um mir in meiner Verwirrung

Rat zu holen. Er versuchte, mich zu beruhigen, und erklärte mir die Erscheinung als eine teuflische Versuchung, die nur hervorgerufen sei durch meine Überarbeitung, durch meinen überreizten Nervenzustand und die Erregung der vorangegangenen Feiern. Trotzdem konnte ich mich noch lange nicht wiederfinden, ich fühlte mich verdammt und errang erst allmählich und durch viele Zweifel hindurch mein Gleichgewicht zurück.«

Nur mit betroffener menschlicher Anteilnahme können wir einen solchen Bericht hören. Was für eine unheimliche Macht war das, die sich in der Seele des jungen Mannes — gänzlich abgedeckt gegenüber seinem Bewußtsein — etabliert hatte, um im Augenblick der vollsten Hingabe als ein feindliches Nein auf das Antlitz des Gekreuzigten projiziert zu werden?

Primitiv verfehlt und keineswegs helfend wäre es, ein solches psychisches Ereignis nur so zu deuten, als habe ihm sein Unbewußtes auf Grund verdrängter vitaler Begierden gleichsam seinen Abfall vorausgesagt, als wende das Antlitz des Göttlichen sich deshalb von ihm weg, weil eine »Sublimierung« seiner Triebe ihm trotz aller Askese nicht gelungen sei. Nein, es kommt nun alles darauf an, ihn diese beunruhigende Vision anders verstehen zu lassen. Nicht in der Identifikation mit den Sätzen, die du lernst, nicht als frommer Schüler, aber eben *nur* als Schüler deiner Schule wirst du mir dienen, nicht als das vollendete Instrument, als das du dich zuzubereiten bemüht hast. Schweigt nicht bei aller deiner Unterordnung dein eigenstes Selbst? Von diesem aber will ich Sprache und Antwort, will ich Mitarbeit und Mitentscheidung, selbst wenn erlernte Form dabei zerbrechen müßte.

Ohne eine solche befreiende Deutung wäre der junge Mann zum fanatischen Kämpfer gegen sich selbst, gegen seine unbewußten Seelenbereiche geworden, aus denen ihm doch gerade die kreative Kraft seines eigenen Weges zuwachsen wollte. Und zweifellos hätte er »mit Feuer und Schwert« von nun an »das Böse« in sich selbst, aber auch in seinen Mitmenschen und allen ihm Anvertrauten bekämpft, ein Vertreter einer starr legalen Theologie des Himmels und der Hölle.

Die schreckliche Vision und die aufwühlende Angst, die sie auslöste, zeigen mit aller Schärfe die Weichenstellung der inneren Entscheidung auf. Wie ein Kind hätte er sich der absolvierenden Reinigung und Zurechtweisung durch die Kirche unterworfen und mit verzweifelter Willensanstrengung erneut und verstärkt »Vollkommenheit« gesucht, wenn es nicht gelungen wäre, mit dem Therapeuten zusammen eine tiefere Erkenntnis des von seinem Gewissen wirklich Gemeinten zu gewinnen. Das hieß ihn, sich neu gegenüber dem Übernommenen und Erlernten zu verstehen und seine »Schuld« nicht mehr dort zu suchen, wo er sie bisher in erbittertem Rechten gegen das Böse gesucht hatte. Erst auf Grund einer echten menschlichen Reifungserfahrung konnte sein Gewissen sein *eigenes* Gewissen werden. Und das bedeutete für ihn den weit schwereren Weg, den Weg nämlich zu echter helfender Menschlichkeit und Mitmenschlichkeit. Er erkannte, daß das erbitterte Rechten gegen das Böse selbst das Böse war oder besser gesagt die Schuld, durch die er sich auf dieselbe Linie stellte mit jenen Schriftgelehrten und Pharisäern, die das herausfordernde Phänomen der souveränen Menschlichkeit der Jesusgestalt hatten vernichten wollen. Genau genug kannte ja unser Patient alle überlieferten Texte, die davon berichten, wie diese Jesusgestalt starre Regeln durchbrach. Aber dieses theologische Verstandeswissen hatte noch nie eine Zündung seines eigenen Reifungsgewissens verursachen können.

Immerhin, so darf man wohl sagen, ist bei dem Menschen, der sich auf diese Weise ängstet und quält, mehr Hoffnung auf Heilung vorhanden als bei dem zur Selbstgerechtigkeit Erstarrten, der den letzten Zweifel an sich selbst zur Strecke gebracht hat, dafür aber »das Böse« restlos auf die anderen projiziert.

»*Ein* Fehltritt, und du kannst unsere Ehe als geschieden betrachten«, so äußerte sich ein Beamter einen Tag nach der Hochzeit seiner jungen Frau gegenüber. Daß er selber mit diesen Worten, mit dieser Haltung die Ehe schon gebrochen hat — eine solche Einsicht könnte ihm nicht einmal von ferne aufdämmern. Die Kälte und eisige Grausamkeit, mit der gewisse Geistliche — ein Typus, der gewiß heute nicht mehr häufig ist — den Sünder von ihrer Höhe herab verurteilen, zeugt von der »Maschinerie«, in die ihre Wahrheitsstimme geraten ist. Dies gilt aber nicht etwa nur für die Situation des Beichtstuhls. In breiten Schichten unserer Gesellschaft zieht man zwar nicht mehr mit Feuer und Schwert, aber mit der Zunge voll spitzer Entrüstung zu Felde gegen das »Böse«, das zu begehen man selbst viel zu »tugendhaft« ist; man rächt sich aggressiv, wenn auch nur durch Worte, an denen, die es fertigbringen, gegen Gesetz, Moral und Anstand zu verstoßen; man rächt sich für seine eigene »Tugend«, die aus Angst, Lebensneid und Lieblosigkeit entstanden ist.

In der psychotherapeutischen Arbeit kommt der Konflikt zwischen den Gewissensstimmen des Patienten zum Austrag. Der Therapeut wird keine Lösung anbieten, aber er wird seinem Patienten beistehen, den Weg der echten Synthese zu finden, der aber nicht in der Vermeidung von Schuld um jeden Preis bestehen kann. Gehört es doch zur menschlichen Tragik, daß Schuld sich im Leben nicht vermeiden läßt. Folgt der Mensch dem Moralgewissen, so wird er schuldig vor seinem Reifungsgewissen, folgt er dem Reifungsgewissen, so gerät er in Schuld vor dem Moralgewissen. Die Auseinandersetzung kann sich in dramatischen Formen abspielen, sie kann aber auch latent bleiben; und — sie kann zur Neurose führen. Ihr Sinn aber ist es, die kreativen Kräfte der menschlichen Selbstwerdung zu konstellieren. Deshalb zählen wir die Schuld zu den Grundbedingungen der menschlichen Existenz.

Wir brachten die Szene aus dem Leben des jungen Theologen als ein *Modell.* Immer finden wir in der frühen Lebenszeit des Zwanghaften jenes pathologische Dilemma, in welchem eigene Freiheit geopfert wird, geopfert werden muß unter dem Druck einer imponierenden Autorität; deren Macht speist sich aus Drohung und aus der Entfesselung magischer Ängste.

»Wir lieben dich nicht mehr, wenn du nicht tust, was wir dir vorschreiben. Denn Gott hat es geboten, daß die Kinder ihren Eltern gehorchen sollen.« Auf diese Formel, auch wenn sie sich völlig säkular einkleidet, läßt sich die Struktur des Humanfelds bringen, in dem der zwangsneurotische Konflikt entsteht. Immer mehr engt der Leidende den Spielraum seiner Freiheit ein, und zwar aus der überall lauernden Angst, einen Fehltritt, eine »Sünde« zu begehen, und wäre sie auch nur in Gedanken aufgetaucht. Drohen ihm doch Strafen, wenn er der eigenen Initiative folgen würde, Strafen, deren größte und furchtbarste darin besteht, von Gott und Menschen verlassen zu werden. Bald beginnt er, sich vorgreifend selbst zu bestrafen, um jegliche Möglichkeit des Abweichens zu vermeiden; bald weiß er nicht mehr, warum er diese oder jene Ritualien befolgt, er weiß nur, daß er sie befolgen *muß,* würde doch sonst das Schicksal nach ihm greifen, ihn mit Katastrophen bestrafen, die über seine Kraft gehen, die einen »Weltuntergang« bedeuten würden. (Allerdings: auch er »bestraft« nun seine Umgebung, die ihn an der Entfaltung seiner Freiheit, der Erstarkung seiner Schwingen verhindert, durch den befremdlichen Starrsinn seiner Zwänge, deren magische Unterbauung ja keiner durchschaut.)

Oft genug ist es der durch die Jahrhunderte mit dem unseligen Fluch der Sündhaftigkeit belastete Bereich der sexuellen Triebnatur des Menschen, in dem das Dilemma Fuß faßt, in dem die Blockierung des kindlichen Selbstvertrauens einsetzt. Im circulus vitiosus wird nun nicht

nur die Unbefangenheit und natürliche Entwicklungsin-
tention erstickt, sondern der Mensch wird eben damit auch
um die Erfahrung der Triebsteuerung als seiner eigenen
Möglichkeit, um die wachsende Kraft der Auseinandersetzung mit seiner Triebnatur gebracht. In den Träumen
der Erwachsenen erscheint dann das andere Geschlecht als
der fürchterliche Dämon und Verführer oder unter den
Bildern brutaler Gewalt. Die in der Anpassung an die
Gebote und Gesetze schwach gebliebene und verkümmerte
Identität, sie fühlt sich ihnen, den Verführern und Dä-
monen gegenüber, als hilfloses Objekt. Irgendwie sehnt
der Mensch sie herbei, aber »schuldlos« will er von ihnen,
will er vom »Bösen« überwältigt werden, wenn er im Traum
mit diesen Phantasien spielt. Im Bewußtsein aber gilt es,
das System der Abwehr und der Sicherungen immer fe-
ster auszubauen, das mit guten Gründen rationalisiert
wird als Tugend, als vollkommene Gerechtigkeit. Das un-
abänderlich Geltende wird gesucht, das für jede Lebenssi-
tuation das Rezept des Verhaltens liefert.

Aber nicht nur im Bereich der sexuellen Triebkräfte,
sondern ganz allgemein in den Breiten mitmenschlicher
Beziehung finden wir die fatale Vereinnahmung des Reifungsgewissens durch das Moralgewissen, deren Grundty-
pus die falsch verstandene Gehorsamsethik in der Eltern-
Kind-Beziehung sein mag.

»Aus Rücksicht auf meine Mutter durfte ich nicht lärmen und
singen; sie war ja so leidend. Früh merkte ich, wie schwer sie an
sich selber trug; wie hätte ich ihr da kommen sollen mit all meinen Anliegen? Alles, was an Unternehmungslust, an Rebellion
und Abenteuerlust ich mir steckte, ich brachte es ihrer Ruhe zum
Opfer. Allmählich aber entstand daraus meine heutige Lebens-
maxime. Ich darf mich keinem Mitmenschen jemals zumuten so
wie ich wirklich bin!«

Sich niemals zumuten! Ich peinige ja den Anderen, es
ist böse, wenn ich ihn die ganze Wahrheit schauen lasse. Und
so entsteht die Verschleierung der rücksichtsvollen Halb-

wahrheiten und edlen Konventionen, in der Menschen miteinander leben. Erwachsene Kinder ersparen aus falsch verstandener Rücksicht ihren Eltern den Schmerz der Reifung, durch den alle Eltern ja hindurchgehen müssen: sich zu trennen, hergeben zu lernen und doch im Alleinbleiben nicht ärmer zu werden.

Niemals kann unter solchen Umständen das »Böse«, gleichviel ob es in einem selbst oder im Anderen liegt, zur Wurzel der *fruchtbaren* Schuld werden, durch die ein Mensch reifer, stärker, in seiner Identität erfahrener wird. Immer fehlt der zwanghaften Gestimmtheit der Glaube an die Kraft schöpferischer Wandlung, sei es in sich selbst, sei es im Du, sei es in der Welt und ihrem geschichtlichen Werden. Und so kann man auch nicht freimütig und einsichtig, vertraut mit der Weltvernunft kämpfen gegen das *wirkliche* Böse, wo es als ursprunghafter böser Wille, als unableitbares Phänomen tatsächlich in der Welt vorhanden ist. Immer nur dreht man sich um die eigene Tugend und die eigene Absolution. Wie oft hat der Psychotherapeut Worte wie die folgenden zu hören:

»Ich ging von einem Beichtvater zum anderen, ich machte schon weite Wege, um nicht beim gleichen Priester beichten zu müssen, weil es ihn ja verdrießen mußte, daß ich an die Absolution nicht glauben konnte. Aber ich wurde nicht frei von der Furcht, einen heiligen Gott, der immer irgendwo lauerte, schon wieder beleidigt zu haben, und sei es auch nur durch eine Neigung zum Ungehorsam gegen die Glaubensvorschriften der Kirche.«

Nur in einer dynamischen Auseinandersetzung mit dem Unbewußten und dem als Dämon und Schatten Gefürchteten kann hier der Weg der Entwicklung und Reifung gefunden werden. Unvermeidbar ist dabei die Entdeckung jenes »Bösen«, das bisher im Unbewußten verborgen blieb, als Neid nämlich, als Mißgunst, als Scheelsucht auf alles freie, spontane (und oft so untugendhafte) Leben. Die eigentliche Schuld aber besteht in der Vertrauenslosigkeit, im Sich-selbst-nicht-Annehmen, im Erzwingenwollen von Vollkommenheit, die wiederum alle anderen zwingen würde, einen anzuerkennen.

4. *Formen der Bemächtigung (Hysterische Struktur)*

Viele Varianten liegen auf der Skala des bemächtigenden Menschseins, der Bemächtigung als einer Grundhaltung des Menschen gegenüber den Mitmenschen, der Welt, der Gottheit. In unserem Zusammenhang denken wir natürlich nicht an die realistische, sachliche Bemächtigung, die zu allem Leben notwendig ist, ohne die Leben sich nicht erhalten könnte, und auch nicht an die gesunde Durchsetzungskraft, die das Recht des Anderen nicht zerstört. Es handelt sich vielmehr um jene aus unbewußten Weichenstellungen erfolgende Bemächtigungstendenz, die sich des Bemächtigers selbst bemächtigt hat, die als seine unbewußte Struktur funktioniert, und zwar auch da, gerade da funktioniert, wo es auf echte Beziehung, auf Gemeinschaft und Kommunikation, wo es auf ein Ergriffenwerden vom Gefühl und von transrationaler Wahrheit ankommt.

Der hysterische Bemächtiger ist häufig ein Mensch von wertvollen Anlagen und Begabungen, die jedoch mit einer außerordentlichen Labilität seiner Identität verbunden sind. Die Schwäche seines Selbstgefühls läßt ihn jeden Angriff, jeden Insult, jede Infragestellung, die der Gesunde zur täglichen Erfahrung zählt, wie eine Lebensbedrohung erleben, die er automatisch durch die Kunstgriffe steter Überlegenheit und durch sein stetes Ausweichenkönnen vermeidet — immer bleibt er der Überlegene.

Zwischen dem aktiven, dem direkten, dem lauten Bemächtiger und der passiven, indirekten, leisen Form der Bemächtigung liegen manche Stufen. Da ist die gewichtige »Majestät« einer Persönlichkeit, der nicht widersprochen werden darf, ohne daß sie sich durch einen Ausbruch von Affekten wiederherstellen müßte. Sie kann sich aber auch ins demonstrative Leiden flüchten, durch das die »Feinde« in Schuldgefühle gestürzt werden. Da ist die zarte, zerbrechliche, blumenhafte Figur, die durch die unheimliche Gewalt ihres Zu-fein-Seins für die grobe Welt demonstriert, wie kostbar sie ist, daß man sie nicht reizen darf und ihr widerspruchslos zu dienen hat. Notfalls weist sie auf die Suizidversuche hin, die sie bereits begangen hat.

Zwischen diesen Extremen liegt der schwer erkennbare »Trickser«, der sich auswechseln kann je nach Situation, der blitzschnell die Positionen ändert, dem harmlos vertrauenden Partner beweist, daß er, der Partner, betrogen, daß er die Kommunikation abgebrochen hat. So verwischt er die Stellungen und bricht wie rasend aus, wo ihm selbst ein Schachmatt droht. Auch an jenen Typus des Bemächtigers ist zu denken, der sich als das Opfer der plumpen Ichsucht aller andern hinstellt.

»Keiner nimmt Rücksicht auf mich, ich schufte mich tot für euch, ihr seid schuld, wenn ich zusammenbreche.«

Immer muß der Bemächtiger von einem *Nimbus* umgeben sein — ja selbst jener indirekte Bemächtiger noch, der achselzuckend das ganze Leben als Sinnlosigkeit erklärt, in der sich verbindlich zu engagieren nicht lohne. Nicht mit der Schwermut des Depressiven wird hier die angebliche Sinnlosigkeit erlebt, sondern mit dem Hochmut dessen, der es weiß: Gott hat die Welt verkehrt angelegt, den Menschen verpfuscht; nur mir ist höheres Wissen zuteil geworden. Er lehnt es ab, sich durch eigenen Einsatz zu überzeugen, daß Sinn nur von innen her geschaffen werden kann. Er bezieht seinen Nimbus aus dem imaginierten Geisterreich derer, die ihm recht zu geben scheinen. Kein Pessimist der Weltliteratur ist zu gering, um ihn zu bestätigen. Alle diese Formen haben eines gemeinsam: sie begründen ihre Identität nicht auf eigener Reifung, auf echter Auseinandersetzung mit den Grundbedingungen allen Menschseins. Sie beziehen das Gefühl ihres Selbst aus dem Nicht-Selbst, aus den anderen Menschen, die sie bewundern oder fürchten sollen, ja aus einer eigens für ihre Zwecke gebauten Metaphysik.

Was aber der Bemächtiger in der stets vor sich selbst verdeckten Angst seines Absturzes ins Nichts im Grunde *sucht*, was er im tiefsten Wesen *meint*, ist die Wirklichkeit und die erlösende Lebendigkeit der Liebe. Und doch macht er sie von vornherein unmöglich durch den gewaltsamen Zugriff, durch die Bedingungen, die er selber stellt, durch das Nichtannehmen der existentiellen Grundbedingungen, die ihm im Mitmenschen entgegenkommen, und ohne deren Integration Liebe nicht sein kann.

Durch die hybriden Ansprüche seines Unbewußten formt er den Partner um zu dem Wesen, das er braucht, das er grenzenlos erhöht, in das er urbildhafte, zeitentbundene Schönheit hineinsieht — das er aber gnadenlos zerschmettert, wenn dies Bild nicht mehr erfüllt wird, wenn es ihm die berauschende Sättigung nicht mehr spendet, die überweltliche Steigerung nicht mehr bietet, nach der er lechzt. Ist er doch ekstatischer Gefühlsverströmung bis zum Auslöschen fähig — jedoch nur, solange die von ihm selbst, von seiner gebieterischen Imagination gestellten Ansprüche erfüllt sind. Entsprichst du nicht mehr dem göttlichen Urbild, das meine Phantasie in dir erschuf, dann hast du mich verraten, dann nimm deinen Laufpaß.

Dem Bild, das meine Phantasie in dir erschuf! Deine *Wirklichkeit* also geht mich nichts an, ich hole ja aus dir heraus, was ich brauche; deine Wirklichkeit würde mich bloß stören, und wo sie sich unabweisbar geltend macht in ihrer Banalität, da bist du für mich verloren — da würdest du mich »töten«. Unfähig aber ist der Bemächtiger, das zu ermessen, was die Wirklichkeit der Liebe in der Tat vermag, was sie an Wundern wirken kann. Denn das sind nicht die Wunder, deren er bedarf!

Manches von dem, was neurosentheoretisch den Perversionen zugerechnet wird, hat hier seine Wurzel. Der alternde Mann, der nur die Halbwüchsige lieben kann, die alternde Frau, die den knabenhaften Jüngling an sich bindet — sie fegen mit hybrider Selbstherrlichkeit beiseite, was die Lebensgesetze meinen; weder Zeit noch Tod darf es geben, denn hier ereignet sich das Außerordentliche, das die blöden Augen der Durchschnittsmenschen nicht zu sehen vermögen. So sehr die Sexualität bei diesen Ereignungen mitspielt, sie ist es nicht allein, sie ist nur der Träger, das Instrument der archaischen Berauschung, die den Triumph über Zeit und Tod, über Vergänglichkeit, Schuld und Geschlecht in die Sinne des Leibes und der Seele ergießt. (Literarisches Beispiel der Roman »Lolita« von W. Nabokow.)

Und doch: der Bemächtiger ist nicht eigentlich kreativ. Trotz Phasen von Schaffenskraft ist er nicht existentiell produktiv, weder sich selbst noch dem Du noch dem Werk gegenüber. Seine Gestaltungen verraten das Werbende, das Bewunderung Heischende; sie weisen die feine Sprunglinie auf, wo die echte, die große Sachlichkeit verlassen worden ist.

In Ermangelung des inneren Selbststands, der personalen Mitte, bedarf der Bemächtiger derer, die ihm zusichern, wer er ist. Je weniger glaubhaft die Zusicherung wird, desto verzweifelter überkommt ihn die Leere von innen, desto größerer Anstrengung bedarf es, die Rolle, an die er schon selber nicht mehr glaubt, zu spielen. Er gleicht der tragischen Gestalt eines Schauspielers, der, während das Publikum schon wegströmt, mit immer packenderem Mienenspiel die Zuschauer zu bannen sucht, um zuletzt zu entdecken: der Saal ist leer. Nur noch eine bezahlte Claque klatscht Beifall.

Es gibt Ehen, in denen der eine Teil für den anderen die Funktion des bezahlten Claqueurs übernommen hat. »Aus Liebe muß ich meinen Mann ja immer weiter in der Aura seiner Selbstüberschätzung stützen. Längst habe ich durchschaut, auf wie schwachen Füßen sein Selbstbewußtsein steht. Ein ernstlicher Widerspruch — und er kann sich nur durch eine Explosion von Aggressionen retten, der Kritiker aber wird zum Hohlkopf gemacht. Dann droht womöglich der Herzanfall. Ich aber sehe es als meine heroische Aufgabe an, ihm die Huldigung zu verschaffen, die er nun einmal braucht. Ich liebe ihn, aber wie ich wirklich über ihn denke, das soll er nicht ahnen.«

Darf man dem Bemächtiger wünschen, daß der Zusammenbruch seiner Usurpation, seiner Lebenslüge (und der circulus vitiosus, in dem er sich bewegt, treibt ja auf einen Zusammenbruch zu) früh erfolge, so früh jedenfalls, daß noch Reserven für eine Umstrukturierung in der Psyche vorhanden sind? Wo die neurotische Verfassung irreversibel festgelegt ist, bleibt oft nur die Flucht in die demonstrative Krankheit, durch die man sich und der Umwelt seine »gekränkte« Überlegenheit beweisen und sie damit in dienender Sorge um sich kreisen lassen wird. (Um von anderen Fluchtwegen, etwa dem der Droge, des Suizids u. a. hier nicht zu sprechen.) Damit ist etwas Erschütterndes ausgesagt: daß ein Mensch *sich verfehlen*, sich bis zum Tode verfehlen kann. Wird er wirklich von der Wahrheit nicht mehr eingeholt werden? Applaudite, amici, comoedia finita est... Wohl dem Bemächtiger, der durch die Schwere seiner Symptome, durch die Not seines »Unglücklichseins« in die Auseinandersetzung mit sich selbst getrieben wird. Das heißt ja, daß er immer noch erreichbar ist von der Wahrheitsstimme in seiner Tiefe.

In der Kindheit des Bemächtigers finden wir Leid und Einsamkeit seltsam gepaart mit launischer Verzärtelung, mit der Illusion, daß alle Wünsche erfüllbar sind — so lange, bis wieder ein unverständlicher Umschlag erfolgt, durch den das Kind sich in Verlassenheit zurückgestoßen findet. Oft sind es früh erlebte menschliche Dissonanzen, frühe Einbrüche von Schicksalen, Todesfälle, Zwist oder Scheidung der Eltern, die die trügerische Geborgenheit zerreißen und jene tiefe Urangst aufsteigen lassen, aus der oft frühzeitig ein religiöses Ahnen und Rätseln erwächst. Die beängstigende Ahnung vom Elend der Welt trübt die Erwartung ihres Glanzes. Das Kind lernt nicht, sich mit Schwierigkeiten auseinanderzusetzen, aber es lernt, *sich in Szene zu setzen*. Es setzt sich in Szene, wo es seine eigenen Schwächen oder wo es die Unwahrheit der Erwachsenenwelt spürt. (»Unser vergötterter Liebling leidet an Schreianfällen. Wir müssen ihn in ein Kinderheim geben.«) Die beunruhigten, aber doch auch wieder nicht *wirklich* beunruhigten Erwachsenen züchten in dem Kind das Gefühl, zu etwas Besonderem erlesen, zu besonderen Ansprüchen berechtigt zu sein; zugleich aber zerstören sie seine Kraft, indem sie es ein Durchhalten und ein adäquates Verzichten nicht lernen lassen.

»Wenn ich als kleiner Junge eine Unart begangen hatte, konnte meine Mutter, die mich sonst verwöhnte und mir von früh an zu verstehen gab, daß einmal etwas Großes und Bedeutendes aus mir werden werde, tagelang (wie mir in der Erinnerung scheint, wochenlang) kein Wort mit mir sprechen. Das war ihre Art des Strafens, wohl einfach, weil sie sich nicht mehr mit mir auskannte. Beide Eltern, denn auch mein Vater schloß sich ihr in solchen Dingen an, behandelten mich dann wie Luft. Ich kann gar nicht sagen, was ich da durchmachte an Verlorenheit. Ich verstockte mich in mich selbst, es war schlimmer als Gestorbensein. Wenn sie mich dann endlich wieder zu Gnaden annahmen, glaubte ich nicht mehr an die Bezeigungen ihrer Liebe. Ich ließ meine Eltern nichts merken von der Hölle, die ich durchgemacht hatte, besonders in meinen Angstträumen, ließ sie nicht merken, daß ich ihre Liebe nur zum Schein erwiderte. Natürlich wurde mir das damals gar nicht bewußt, erst im Rückblick kann ich es sagen.«

Es kann uns nicht wundern, daß ganz besonders die Erlebnissphären der Erotik und der Sexualität es sind, in denen früh erworbene Bemächtigungshaltungen sich zuspitzen. Gerade in der Zeit der Pubertät und der Adoleszenz wird ja dem Menschen vom Leben her noch einmal die große *Chance* geboten, zu innerer Wahrheit zu kommen. Es kann gelingen. Aber oft hat die Depravation der echten Lebenswerte im Humanfeld, hat die schwere Komplikation der inneren Beziehung der Eltern zueinander die Fixierung im Kinde schon verhärtet.

Auch im Liebesleben, das für den gesund an der Welt partizipierenden jungen Menschen eine Phase intensivster Reifung darstellt, hat der Hysteriker also trotz aller äußeren Dramatik keine eigene und innere Geschichte.

»Da ich sehr schön war — und es ja auch heute noch bin — übte ich eine enorme sexuelle Wirkung auf Männer aus. In Stürmen gingen meine sexuellen Beziehungen auf und ab, aber so sehr ich mich zu erinnern versuche, ich kann sie nicht mehr auseinanderhalten und weiß nicht mehr, wie viele es gewesen sein mögen. Zum Orgasmus gelangte ich dabei nie, denn ich bin frigide. Aber es berauschte mich, wenn wieder ein Mann mir verfallen war, und ich nutzte seine Hörigkeit aus. Wenn die Beziehung scheiterte, und sie scheiterte meist bald, dann überfiel mich ein wahrer Schock, und schnellstens flüchtete ich mich, um zu vergessen, in das nächste aufregende Abenteuer.«

In der Geschichte dieser Frau gibt es keine Stufung von Du- und Selbsterkenntnis. Aus der Erinnerung steigt kein strahlendes Innesein auf. Trotz Wirbel und Triumph bleibt es bei einer quantitativen Aufzählung, bleibt es — existentiell gesehen — langweilig.

»Bei jeder Prüfung muß ich dem Prüfenden beweisen, daß ich mehr weiß als er«, so äußerte sich ein 25jähriger. »Man ist perplex über meine Tollkühnheit, und das ist es, was ich genieße. Um die Sache selbst geht es mir gar nicht. Ich gelte als unfehlbar, und ebenso als unnahbar. Man wirbt um mich, aber ich lasse jeden abfallen, der mir näherkommen will; und deshalb umwirbt man mich nur um so mehr. Ach, wenn diese Gewöhnlichen wüßten, daß meine Unnahbarkeit nur der Mantel ist, unter dem ich mein wahres Wesen verberge, wenn sie wüßten, wie ich sie um ihre gemütliche Gewöhnlichkeit beneide. Ich glaube, bei ihnen reift ja doch etwas, bei mir reift — nichts.«

Alles, was echte dialogische Mitmenschlichkeit ist, scheint in diesen Worten pervertiert zu sein. Erpresserisch hat der junge Mann den Gipfel seines Prestiges, sein Image aufgebaut. »Ich zwinge euch, um mich zu werben, ihr spürt an mir die Zeichen der Macht. Aber nur ich selber weiß, daß ihr die Stützen seid, auf denen mein Ich in seiner stolzen Höhe ruht. Wehe dem, dem ich mich wirklich eröffnen würde. Vor dieser Hohlheit würde er zurückprallen.«

Die transzendierenden Funktionen dienen der währenden Auseinandersetzung der Seele mit den Grundbedingungen des Menschseins. Man möchte sagen, daß der Bemächtiger sie mißbraucht, indem er die Grundbedingungen zu von ihm selbst gesetzten Bedingungen permutiert. Jede der im Vorhergehenden skizzierten Gruppen neurotischen Unglücklichseins mißbraucht die transzendierende Kraft der Seele auf besondere Weise. Der erbitterte Rechter ergrübelt die vollständigen Deduktionen, die stimmen müssen. Er beurteilt die Gerechtigkeit bzw. auch die Ungerechtigkeit Gottes nach seinen eigenen Maßstäben. (Im Gegensatz dazu denke man etwa an eine Göttergestalt wie *Varuna*, eine der ältesten Gottheiten des frühen Hinduismus. Varuna wird als Gott der Gerechtigkeit verehrt, aber seine Gesetze sind geheim; Menschen können sie nicht verstehen und müssen sie doch befolgen. Liegt darin nicht ein Stück echter religiöser Urerfahrung?) Auf dem schwermütig Hadernden lasten die Grundbedingungen so schwer, weil er sich nicht in der aufschwingenden Reifungskraft des Transzendierens mit ihnen versöhnen kann. Für den paradoxen Niemand aber sind sie gar nicht da, scheinen sie nicht dazusein; denn er erlebt sie nicht als Aufruf, er macht sie zu Fakten unter allen anderen Fakten der Welt.

Denken wir uns ein dunkles Wort voll rätselhafter Botschaft: der Niemand »hört« es nicht. Der schwermütig Hadernde weint auf: Ja, so leidvoll ist unser Sein! Dem erbitterten Rechter bereitet es große Sorge und dann sortiert er das Wort in die richtige Sparte seines Zettelkastens. Der Bemächtiger aber findet es aufregend, toll, interessant; er vereinnahmt es, um sich selbst noch bedeutender, noch mächtiger für die anderen zu machen — und für sich selbst.

IV. Das Heilungserleben

Vorbemerkung

Immer wieder wird die Frage gestellt: was ist nun eigentlich das Heilende im psychotherapeutischen Behandlungsvorgang? Was heilt? Je nach der psychotherapeutischen Richtung, ihrer Methodik und ihrem anthropologischen Vorverständnis werden auf diese Frage entsprechende Antworten formuliert, wie etwa: die Regulierung des Triebhaushaltes; die Eingliederung in die Gemeinschaft; die Begegnung mit den Urbildern; die Reifung der Identität.

Wie immer solche Antworten lauten mögen, um das Wesen des Heilungsgeschehens bleibt stets etwas vom Geheimnis des Lebens, des Werdens, der menschlichen Freiheit im Schleier ihrer Ursprünge. Ein Mensch fängt durch den Prozeß der Auseinandersetzung mit sich selbst an zu spüren: mit mir ist es nicht so gemeint, wie ich bisher gedacht habe. Noch lange ist ja dieses Spüren kein völliges Verstehen; es bewegt sich vielmehr in Phasen der Erhellung und Entfaltung, die durch das ganze Leben des Menschen dauern. Und wer könnte je von sich sagen: ich weiß, wer ich bin. Ich bin am Ziel. Aber daß dies Spüren aufblitzt, dies Werden in Gang kommt und damit die existentielle Sackgasse der Neurose grundsätzlich verlassen wird, daß das Leben sich in neuer Richtung bewegt, eine »Metanoia« (Sinnesänderung) einsetzt, das liegt unabdingbar im Wesen von Heilung.

Im folgenden werden wir versuchen, markante Momente einer solchen Umgestaltung, d. h. die Ansätze von Heilungsentwicklungen, bei den vier Hauptformen neurotischer Selbstverfehlung nachzuzeichnen. Eigentlich kann man immer nur von »der« Neurose und von »der« Heilung sprechen, so verschieden auch die charakterlichen und symptomatischen Aspekte jeweils sind. (Die Erfahrung ergibt fast regelmäßig bei tieferem Zusehen, daß bei einer bestimmten vorherrschenden Struktur auch Anteile und Komplexe anderer Strukturen sichtbar werden. Wir finden also im konkreten Fall stets fließende Übergänge, wie ja auch zwischen dem Bereich der Neurose selbst und den ungezählten Starrheiten und Fehlhaltungen des sogenannten »Normalen« nur fließende Übergänge festzustellen sind.) Was aber die Heilung anbetrifft, so vergessen wir bei diesem Versuch einer Darstellung nicht, daß wir uns, indem wir objektivieren, doch zugleich im Bereich des Nicht-Objektivierbaren bewegen. Der Anruf, der in einer Behandlung von der Therapie aus an den Patienten geschieht, könnte niemals zum Fruchten kommen, wenn er nicht einem Anruf entspräche, der aus einer tieferen Dimension seines eigenen Menschseins schon längst an den Patienten ergangen wäre. — Daß der Vogel seine Flügel bewegt, das kann Wirkung der Therapie sein; aber wie und wohin zu fliegen er bestimmt ist, das greift über die Sache der Therapie weit hinaus.

Von den Gesprächen, die im Anschluß an Träume oder Konflikte entstehen, läßt sich nur Andeutendes wiedergeben. Denn der Versuch einer vollständigen Wiedergabe müßte notwendigerweise verfälschen. Der ganze seelische Umraum, der zwischen den Beteiligten »in der Situation« konstelliert ist, kann ja nicht beigezogen werden.

Dem Leser fällt es vielleicht auf, daß die Anredeformen zwischen Sie und Du wechseln. Das hängt damit zusammen, daß jeweils äußerer *und* innerer Dialog gespiegelt werden.

1. Aufbruch ins Menschliche
Heilungsansatz des paradoxen Niemand

Der Niemand ist der Jemand, der kein Jemand sein will und kann. Er fürchtet nichts mehr als die Entscheidung, die das Leben uns doch mit jedem Schritt abverlangt. Er fürchtet nichts mehr als die Gefahren, das Fehlerrisiko, das die lebendige Partizipation an der Welt mit sich bringt. Sich-einlassen mit Menschen wandelt — und es muß ja wandeln: den, der sich einläßt, und den, mit dem er sich einläßt. Das aber stellt Forderungen, bedingt Umschmelzung, Durchbruch tieferen Verstehens seiner selbst und zugleich des Du und des Wir. Selbst einer zu sein, der dafür steht, was er tut, das scheut der Niemand aufs heftigste. Auch wo er sich scheinbar einläßt, und sei es bis zur sexuellen Vereinigung, zieht er sich unverwandelt von seinem Partner zurück. Laß dich nicht ergreifen, weder vom Du noch vom Leben, weder vom Gefühl noch von aller tiefen und offenbarenden Aussage, die den Lebendigen trifft und ergreift — so heißt seine Devise.

Ist es nicht, als flüstere ein Dämon ihm diese Parole zu gerade in den »gefährlichsten« Momenten, in denen der Partner Offenheit erwartet, er aber mit einer für den Partner unverständlichen Härte und Aggression oder mit scheinbarer Apathie reagiert? Vielleicht igelt er sich einfach ein. Dieser Dämon aber ist die Angst, die sich längst schon umkleidet hat mit Abwehr und Trägheit oder mit Ironie und Selbstironie. Immer wieder zeigt es sich, daß wirklich partizipationslos ein Mensch nicht sein kann; je mehr er sich in sich verkapselt, je mehr er sich von den Mitmenschen entfremdet, desto mehr entfremdet er sich auch von sich selbst und desto eigenwilliger wird die Tätigkeit des Unbewußten, werden die Projektionen, die Träume und Phantasien, die ihn mit diesen anderen verbinden. Unter den Phantasien der Angst, der Wut und der Rache findet sich aber auch oft genug eine archaische Sehnsucht nach Liebe und Harmonie.

Mit aller Deutlichkeit arbeiten die Träume an dieser negativen Haltung; sie werfen sich wie Wellen gegen ein Hindernis.

«Ich soll mich um einen kleinen Jungen kümmern, der nicht essen will. Nie im Leben werde er mehr essen, so erklärt er mir. Ich bin ratlos.« (30jährige Patientin.)

»Vor unserem Haus spricht mich ein Bettler an, ein Arbeitsloser. Er bittet um Erlaubnis, unter der großen Treppe vor dem Haus wohnen zu dürfen. Ich lehne dies aber entschieden ab. Das käme nicht in Frage. Das sei ungehörig.« (27jähriger Patient.)

Der Therapeut muß sich davor hüten, auch nur das Geringste von diesem internen Treiben in den Höhlen des Unbewußten zu verbauen oder abzuschirmen, etwa mit einer theoretischen Deutung oder einer noch so gut gemeinten Ermutigung oder Entlastung. Weiß er doch, daß der Patient ihn lange Zeit auf die Probe stellt, daß er aber dann in langsamen Vollzügen, von denen jeder die Überwindung eines Widerstandes bedeutet, in einem rückläufigen Drama sozusagen, ihn selbst in die Höhle hineinholen, ihn zur allerersten, frühesten und wichtigsten Beziehungsperson seines Lebens machen wird. Jetzt antworte mir, du Therapeut, antworte auf das kleine, das schmerzverkrallte, das böse und ebenso liebebedürftige Kind namens Niemand!

Nicht bloß eine »Leinwand« darf ein Therapeut sein, auf die der Partner alle seine widersprechenden Gefühle projiziert, während der Therapeut nur nach gelernter Methode verfährt, sich aber als Mensch völlig außerhalb des Spieles hält. Heißt es doch vielmehr, in geduldiger *existentieller Solidarität* und Dialogik sein einsames Menschsein mit ihm, dem Leidenden, zu tragen; dann heißt es aber auch, das Wort zu finden, auf das der Niemand jetzt *sein* Wort setzen muß, um zu erleben: ich bin kein Niemand mehr. Ich bin kein Niemand, ich war es nie.

Es gibt Patienten, bei denen sich solche Ereignungen durch das Malen abspielen. Die Bilder, die sie bringen, können wirre Farbkritzeleien von chaotischer Formlosigkeit sein, die sich vielleicht allmählich zu einem Typus von geometrischen Gebilden wandeln, in denen gleichsam Lebens- und Todesfarben miteinander ringen. Die Bilder können aber auch drastische Darstellungen früh erlebter Situationen enthalten, in denen das Ausgeliefertsein eines hilflosen Wesens an unbegreifliche Mächte symbolisch zum Ausdruck kommt. Wichtig ist nun bloß, daß der Therapeut diese Bilder ohne jede vorgefaßte Meinung, Deutung und Erklärung annimmt, sie still befragt, nicht etwa behauptet, das verstehe er natürlich von vornherein; willig muß er sich führen lassen in des Niemands unheimliches Reich — betroffen, wenn ein kleines Kind von einer schwarzen Hand in eine dunkle Ecke geworfen wird, wenn ein Säugling im Sand unter den Strahlen einer prallen, prachtvollen Sonne verdurstet und verdorrt...

Aber ob dies geschieht durch Malen oder durch Verbalisieren früher Erinnerungen oder durch Träume — beide, Patient und Therapeut, sind jetzt darin verbunden, daß Menschsein so sein kann, so aller Möglichkeiten, aller Zukunft beraubt, so ausgelöscht und vernichtet. Und doch: Menschsein ist nicht so! Es ist so und ist nicht so. Horizont bleibt immer, an dem, wenn auch hinter Wolken, Sonne und Sterne auf- und untergehen. Odysseus, der Outis, der Niemand, ausgesetzt in den brandenden Wogen des Meeres — fand er nicht schließlich doch zur Insel der Heimat? Ja, er fand hin. Aber bei allem Glück der Heimkehr — es gab noch einen geheimnisvollen Auftrag zu erfüllen. Und in ihm deutet sich wohl an, daß der Dulder nicht zurückgekehrt war, um auf Ithaka nun schlechthin das Leben eines zufriedenen Bauernkönigs zu spielen. Eine numinose Aufgabe lag ja noch vor ihm, die der Seher Teiresias ihm in der Unterwelt aufgetragen hatte. Mit dem Ruder auf dem

Rücken solle Odysseus bis dorthin gehen, wo Männer wohnen, die noch nie »rotwangige Schiffe« gesehen und Salz gekostet hätten. Wenn einer ihn dann fragen werde, was er mit der seltsamen »Wurfschaufel« wolle,

> »dann stoße das Ruder fest in die Erde
> Und vollbringe dem Herrscher Poseidon ein heiliges
> Opfer.«
> (Odyssee XI.)

Nicht zum Konformismus an die Jedermannswelt drängt der Heilungsvorgang hin. Der Aufbruch ins Menschliche bedeutet nicht befriedete Niederlassung in der bewohnten Welt. Dafür war das Leiden der Neurose zu kostbar. Durch »heilige Opfer« gilt es dem Gott der Meerestiefen, den Tiefen der Seele verbunden zu bleiben.

Im Durchbruch der verschiedenen Zeitebenen steht er, der Therapeut, jetzt genau an dem Punkt, wo einstmals die schwarze Hand war oder die grausame Sonne. Kommst du nur unter der Maske eines Freundes, bist aber in Wirklichkeit mein Feind? Noch lange wirkt sich dies Mißtrauen aus — und eine Unbedachtsamkeit des Therapeuten kann es reaktivieren.

Alles, was der Patient an Anklage bringt — der Therapeut stimmt nicht nur zu. Vielleicht hält er sein Nichtzustimmen zunächst zurück. Alles soll ja erst einmal herauskommen, soll anvertraut, soll in die Seele eines Mitmenschen gelegt werden, was an Beleidigt- und Gekränktsein seitens der Welt einst und auf vielen lebensgeschichtlichen Stufen und heute noch die Person in ihrem *Sonans*-Sein zum Verstummen gebracht hat. Alles aber auch, was brodelt und kocht, alles, was in verkümmerten Trieben blaß und geil wuchert, sagt sich aus und sagt sich dem Mitmenschen zu — unter Widerständen zwar, aber es will sich zusagen. Dann aber setzt ganz allmählich die dialogische Interaktion sich in Gang. Sie setzt sich in Gang durch fragende Einwendungen des Therapeuten, sie setzt sich in

Gang durch die immer eindringlicher werdende Produktion des Unbewußten.

Nicht an der Autorität des Therapeuten also, nicht an seiner Lenkung als der eines Priesters oder einer wissenschaftlichen Instanz oder eines großen Meisters liegt es also, daß der dialogische Prozeß der Seele, ihr Erwachen und Sichlösen aus der tödlichen Umklammerung der negativen Einstellungen sich anbahnt. Es ist die Intentionalität der Person, die zwar abgedrängt und aufgespeichert im Unbewußten, dennoch gerichtet bleibt auf die Einstimmung des Menschen in die Welt; es ist die *Wahrheitsstimme*, die zur Gemeinschaft, zur Annahme des Auftrags ruft. Der Therapeut freilich stellt das absolut unentbehrliche »Ferment« in diesem Prozeß dar, er stellt es dar durch sein volles therapeutisches Mitmenschsein.

»Ich muß noch recht klein gewesen sein, als die Nachricht vom Tode meines Großvaters bei uns eintraf. ›Der Georg‹ — unser Knecht und kompetente Instanz für mich in allen Fragen, die mich bewegten — ›der Georg hat doch gesagt, daß der Herr Jesus Christus für alle Menschen gestorben sei und das sei ganz gewiß wahr. Warum mußte denn dann der Großvater sterben?‹ Täppisch trotzig ging ich mit dieser Behauptung zu meinen Eltern ins Zimmer. ›Ach, du mit deiner lästigen Fragerei!‹ Sie schüttelten den Kopf, schickten mich ärgerlich hinaus, da ich ja doch nur störe, wie ich immer störe, bei all den wichtigen Entschlüssen, die sie zu treffen, und Handlungen, die sie vorzunehmen hatten. Ich ging zu meiner Puppe und warf sie in den Schrank. Ich will dich nicht mehr haben, dachte ich dabei, und von da an habe ich nicht mehr mit Puppen gespielt.«

»Wäre es nicht vorstellbar, daß Sie Ihre Puppe auf den Schoß genommen und sie sehr lieb gehabt hätten, daß Sie ihr eine Geschichte erzählt oder vielleicht ein Süppchen gekocht hätten?«

In der 29jährigen Patientin geht etwas vor. Nach einiger Zeit bringt sie den folgenden kurzen Traum:

»Ich schlief am Tage in einem Zimmer und wachte durch ein leises Rascheln auf. Das Fenster dieses Zimmers, das ebenerdig war, stand in den Garten offen. Ich schaute hinaus und sah eine große Schildkröte sich langsam durch das welke Laub auf das Haus zu bewegen. Auf dem Tisch stand eine Schüssel mit frischen Salatblättern. Ich nahm ein grünes Blatt und warf es der Schildkröte zu, gespannt, ob sie es nehmen würde. Und siehe da, sie verspeiste es langsam und gemächlich.«

Auch wer sich in der Symbolsprache des Unbewußten nicht auskennt, wird ganz unmittelbar etwas von der lebendigen Synthesis verspüren, die sich in diesem Traumgeschehen vollzieht. Im indischen Mythos ist die Schildkröte ein göttliches Urwesen, ursächlich an der Erzeugung aller Kreaturen im Anfang der Welt beteiligt. Auf dem Rücken der Schildkröte liegt die Schlange, die Vishnu trägt und mit ihm das ganze Weltgebäude. Im griechischen Mythos war es Hermes, der als kleiner Knabe aus der Schildkrötenschale die Leier schuf, mit der er Apoll versöhnte und das Entzücken des Melos in dem jugendlichen Lichtgott entzündete.

Diese mythischen Hintergründe verleihen dem Traum seine seltsam tiefe Resonanz. Was uns aber eigentlich Hoffnung gibt, besteht in der Handlungsweise der Träumerin und in dem Verhalten des Tieres. Sie reicht Speise hin, sie, der Niemand, der abwehrt und dem sinnlosen, todverfallenen Leben das Herz nicht öffnen will. Sie reicht das grüne Blatt, und, was noch bedeutsamer ist, die Schildkröte nimmt es aus ihrer Hand und einverleibt es sich. Die Welt sagt nicht mehr Nein, weil der Niemand nicht mehr Nein sagt, und in dieser seltsamen Communio wird ein erstes, noch ganz geheimes, scheues, von allem lauten praktischen Tun weit entferntes Einvernehmen zwischen Welt und Seele besiegelt.

Die einmal ihre Puppe in den Schrank gelegt hatte, weil doch alle Menschen sterben müssen, sie schafft dieses Traumgeschehen in einem Bereich ihres Wesens, der von ihrem bewußten Ich weit entfernt und dennoch sie selbst ist.

Zunächst einmal kann das bewußte Ich mit einem

Traum wie dem angeführten nicht das Geringste anfangen; es sieht gar keine Beziehung zwischen der Traumszene und seiner üblichen bewußten Stimmungslage. Das Verständnis muß vom Therapeuten erst geweckt, das Organ für die Anschauung seelischer Phänomene erst »gereizt« werden, ehe es »dämmern« kann und damit der seelische Prozeß der Auseinandersetzung in Gang kommt.

Das Dargestellte ist nicht so zu verstehen, als hätte die Verwirrung des Kindes anläßlich des Todes des Großvaters das entscheidende Trauma für die Entstehung der Neurose gesetzt. Dieses Erinnerungsbild faßt nur in sich zusammen, was die ganze Atmosphäre schon von je kennzeichnete: die Unfähigkeit der Großen, das Kind wirklich anzunehmen, ihm nicht bloß Nahrung und Kleidung zu geben, sondern seine »metaphysischen« Fragen und Sorgen zu verstehen — das Kind also an das Geheimnis menschlichen Seins heranwachsen zu lassen. Nicht durch Worte braucht dies zu geschehen, sondern durch die instinktsichere Lebendigkeit der Liebe, durch die Aufmerksamkeit, die einem Kinde zukommt, und die »gemerkt« hätte, wo für das Kind tiefe Risse in seiner Lebenswelt klaffen.

Diese Aufmerksamkeit muß der Therapeut ihm nun zukommen lassen. Hofft der Patient ja doch im Grunde, daß seine Neurose nicht eine gottlose, sinnlose Vergeudung seiner selbst bedeuten möge, sondern eine Möglichkeit darstellt, gleichsam ein auf Sperrkonto gelegtes Kapital. Nun kann auch er mit seinem eigenen »Willen«, so vielfach gespalten dieser auch noch sein mag, dem inneren Geschehen entgegenkommen.

An rationale Willensleistung dürfen wir dabei freilich nicht denken. Aber gibt es nicht auch das tiefe, voluntative Ja im Grunde der menschlichen Person?

Im realen Leben können zunächst nur winzige Schritte getan werden; kleine Haltungsänderungen zum Mitmenschen liegen im Bereich des Möglichen. Aber man spürt es ganz deutlich, wo sie liegen, deutlich, wo man sie weiterhin vermeiden möchte. Aber jetzt?

»Beim Essen in der Kantine habe ich noch nie meinem Gegenüber die Wasserkaraffe gereicht. Heute habe ich sie ihm (oder ihr) hinübergereicht, und er (oder sie) hat mir ganz freundlich zugelächelt. Bei dieser Gelegenheit sah ich auch ihn (oder sie) zum erstenmal richtig an und entdeckte, was für ein Gesicht er (oder sie) hat.«

Gewiß sind das keine welterschütternden Dinge. Jemand, der nur auf die große gesellschaftliche Umstrukturierung bedacht ist, könnte verächtlich sagen: Mit solchen Belanglosigkeiten gebt ihr euch ab in der Psychotherapie und braucht dafür auch noch soviel Zeit, wofür ihr ja mit Recht verschrien seid.

Darf dem so Sprechenden aber nicht entgegengehalten werden, daß das, was er im großen Maßstab erstrebt, ohne solche Modulation der mikroskopisch feinen Infrastruktur von Mensch zu Mensch überhaupt nicht möglich wäre? Weisen doch die Riesenkatastrophen zurück auf die unsichtbaren Atomexplosionen von Haß unter den Einzelnen. Eine gleichmachende Gesellschaftsordnung müßte scheitern an der Gegensätzlichkeit von Mensch zu Mensch, die gerade dann hervorträte, wenn alle äußeren Chancen gleichmäßig verteilt wären. Immer wird eine Mutter die unheimliche Freiheit behalten, von zwei Kindern das eine mehr zu lieben als das andere. Und hier liegen die Ursprünge jener Spannungen, die durch keine Koordination rein soziologischer Art auszugleichen sind.

Das Unbewußte des Leidenden, das sagt uns jede Neurose mit Deutlichkeit, sucht den Weg der einstmals verkümmerten und manipulierten Identität zurückzugewinnen; das wahrzunehmen und dafür mitzuverantworten, bildet die Aufgabe des Psychotherapeuten. Und das ist es auch, was der Patient von seinem Therapeuten erwartet.

Ein kleines Erlebnis wie jenes mit der Wasserkaraffe löst

Not und Verwirrung beim Niemand aus. Wir nannten ihn den paradoxen Niemand, denn er will Niemand sein und will Niemand nicht sein. Das Erlebnis mit der Wasserkaraffe aber hat eine Weiche umgestellt; jetzt will er sich freilich zunächst einmal retten in das Jammern, daß bei ihm doch alles zu spät sei, bei ihm mit seiner trostlosen Vorgeschichte, die einem vertrockneten Flußlauf gleiche, in dessen Öde kein grüner Halm gedeihen könne. Er werde doch keines Menschen wahrer Partner werden können. Der Psychotherapeut erinnert ihn an die Schildkröte und daran, daß er ja schon längst, wenn auch nur in der Situation der Therapie sein, des Therapeuten, Partner geworden sei.

Im *Jetzt* liegen Gewalten. Gewalten auf Zukunft hin, Gewalten auf Vergangenheit hin. In dem ausgetrockneten Flußbett kann es wieder zu strömen beginnen; ja, das Wasser kann über die Ufer steigen und das Land befruchten.

Wenn du diesen deinen Vater, der so gar nicht Vater sein konnte, diese deine Mutter, die so gar nicht Mutter sein konnte, annehmen, mit ihnen leiden könntest an ihrem Verlust, der sie ja selber von sich weggerissen, sie einander und ihren Kindern entfremdet hatte — dann bist du »älter« geworden als deine Eltern, nämlich reifer; dann bist du Vater und Mutter in einer Person für diese beiden unglücklichen »Kinder«.

Zwei kurze charakteristische Träume sollen die Schwierigkeit des Übergangs beleuchten, die Angst vor dem Unbekannten, die Krise des »Namens«.

»In einem weiträumigen Saal des Klosters X liege ich auf einem Bett. Es ist mitten in der Nacht. Der Saal ist völlig leer. Nur mein Bett und ich sind verloren im Raum da. Um die vielen hohen Fenster blitzt und rauscht es unheimlich. Ein Unbekannter ist plötzlich neben mir, ein Niemand. Er bedroht mich und reißt an meiner Decke.« Erwachen voll Angst.

Der Träumer, Mitte zwanzig, stellt seine innere Einsamkeit dar. Im Klosterinternat erzogen, erscheint ihm »das Leben« von unheimlichen Gefahren erfüllt. Es blitzt und rauscht um die Fenster, aber das tiefe Wissen, daß er aus seinem Bett, seinen Decken, aus dem schützenden Saal heraus muß, nimmt Gestalt an in dem Unbekannten, der ihn bedroht. Wer ist es? Der Träumer kann nichts anderes tun als vor Angst erwachen.

»Ein Haus war eingestürzt; ich wollte darin schlafen. Da kommt eine große Gestalt, wie eine Frau, und will ringen mit mir. Sie sagt: ›In meine Hände bist du mir gegeben.‹ Hinter und über mir hallt eine numinose Stimme: ›Nenne mir meinen Namen!‹«

Es fällt auf, daß die Stimme nicht befiehlt, nenne mir *deinen* Namen, sondern nenne mir *meinen* Namen. Dem 40jährigen Patienten, der diesen Traum hatte, kommt Jakobs Kampf mit dem Engel an der Furt des Jabbok in den Sinn. Bei dem nächtlichen Kampf wird Jakob nach seinem Namen gefragt, während der Engel ihm seinen Namen verschweigt (denn es war Jahwe selbst).

In diesem Traumereignis, das den Patienten aufs tiefste bewegte, soll er die unbekannte Macht, offenbar eine Muttergottheit, namentlich benennen, er soll ihren Namen sprechen. Das darf auf der psychologischen Ebene wohl so gedeutet werden, daß er selbst, in der Konfrontierung mit seiner unbewußten Seele und ihren Symbolen, zu seiner eigenen Namentlichkeit zu finden hat, daß er an sie erinnert wird.

Indem der Niemand sich getraut, seine *Namentlichkeit* und seine Geschichtlichkeit wirklich sein zu lassen, geschehen die Schritte, von denen jeder einen Übergang ins bewohnte Land der Menschen darstellt. Vielleicht ruft eine Situation wie die Wasserkaraffensituation Neues herbei, und das Neue ruft wiederum Neues; und jedesmal geht es dabei um ein Stück Erleben von Freiheit. Nicht gradlinig verläuft der Weg; Rückfälle, die mit doppelter Verbitterung drohen, müssen in Kauf genommen werden. Und wir erleben es nicht selten, daß tief unterirdisch angelegte Bastionen jetzt erst aufbrechen, die angefüllt sind mit einem Waffenarsenal grausamer Phantasien, deren der Niemand sich bedient, um sich einsam an der ganzen Welt für sein Niemandsein zu rächen.

»Ich habe ein Vietnam in mir und ein Korea. Ich foltere meine Feinde. Das verschafft mir Lust. Wenn ich ein Mädchen hätte, ich würde es quälen.«

Der Psychotherapeut nimmt ein solches Geständnis ruhig entgegen und ist auch keineswegs erstaunt. Er weiß ja, daß der Patient von dem, was Liebe ist, bisher keine Ahnung hat. Die grausamen, die sadistischen wie auch die masochistischen Phantasien müssen nun voll und ganz Sprache werden, müssen gemeinsam betrachtet und auf ihren Sinn befragt werden. Auch die Träume bringen sie nun rückhaltlos ins Bild, und der Therapeut selbst wird in ihnen keineswegs geschont. Aber nun erlebt es der Patient, daß der Therapeut ihn weder verläßt noch ihm zürnt oder ihn verachtet, sondern daß die menschliche Solidarität bestehenbleibt. Mit all ihren Schrecken enthüllen sich doch diese Phantasien bei genauem anamnestischen Zusehen als die hilflosen Zornattacken eines Kindes gegen die mächtigen Erwachsenen, die es mit Härte und Ablehnung behandelten, anstatt die Fehler zu begreifen, die sie selbst gemacht hatten. Im Unbewußten aber haben die Affekte und Phantasien des Kindes sich angereichert mit den Mächten des negativen, des destruktiven Seins. Die Mythen der Religionen spiegeln es in ihren gewaltigen Bildern, in denen Zerstörung und Erschaffung einander bekämpfen. Man denke an eine Gestalt wie Shiva, der die Welt zerstört und wieder erbaut, aber auch an die ambivalenten Charaktere des alttestamentlichen Jahwe.

Nicht ein Auslaufen gestauter Aggressionen und Affekte darf hier gesehen werden, als handle es sich um einen quasi mechanischen Vorgang; entscheidend ist, daß der

Patient mehr und mehr seine verhängnisvolle Einkrustung begreift und damit die Notwendigkeit, eine schöpferische Richtung für seine Phantasien zu finden. Nur dadurch kann ja ein Stück Freiheit erwachen, und das heißt die echte Bereitschaft zur Wandlung. Es versteht sich, daß der Therapeut der Erste ist, dem diese Bereitschaft gilt, und er hat sie anzunehmen, wissend, daß das Leben mit seiner großen Logik für diesen Menschen weitergehen wird.

Nehmen wir den Fall, daß aus unserer Wasserkaraffensituation inzwischen eine reale Beziehung, wenn auch zunächst noch recht distanzierter Form geworden ist. Die Gefahr, daß die aggressiven Tendenzen des Patienten den neu erworbenen Partner irremachen und verscheuchen, ist natürlich akut. Aber die Chance besteht doch und wird durch die Therapie verstärkt, daß der Patient, der schon längst kein Niemand mehr ist, in einem leuchtenden »Jetzt« erfährt: der heimliche Rausch der grausamen Phantasien ist ein Nichts, ein Spinnengewebe, gegen einen einzigen Tropfen echter menschlicher Liebesbegegnung.

Nicht, daß die Macht der negativen Tendenzen nun mit einem Mal aufgehoben wäre! Wissen wir doch, mit welcher Zähigkeit solche früh erworbenen Modelle sich noch auf lange Zeit hinaus zu erhalten pflegen. Aber im therapeutischen Prozeß wird die Auseinandersetzung weitergeführt, werden geduldig die Szenen aus der Lebensgeschichte durchleuchtet, die jetzt nicht mehr verdrängt werden können, durchleuchtet vor dem Hintergrund der conditio humana. Dem Patienten wird es dabei faßbar, daß er den Sinn seines eigenen Lebens verspielen würde, wenn er im Eigensinn seiner Inkurvierung, seiner Verschlossenheit verbleiben würde. Wenn der Krisenpunkt überschritten, die Wendung zum Leben vollzogen ist, melden die Träume in ihrer wunderlichen und wunderbaren Sprache dies deutlich an. — So weben sich also die vier Stränge des Heilungsgeschehens fortlaufend ineinander: die unbewußte

Produktion und die bewußte Entscheidung, die therapeutische Solidarität und die neuen Erfahrungen, die sich in der realen Wirklichkeit anbahnen.

2. Versöhnung mit dem Menschsein
Heilungsansatz des schwermütig Hadernden

Die depressive Struktur fächert sich in Symptombilder und Gestimmtheiten auf, die in ihrer Tonart sehr verschieden sein können. Da ist das bange Kind jeden Alters, das immer zurückbleibt hinter dem, was es von sich selbst verlangt und erhofft, dem aber auch das Leben nie das geben kann, was es sich wünscht. Da ist der vertrocknete, verarmte Grämling, der doch versteckt in der Tiefe seiner Seele einen goldenen Schatz aufbewahrt, von dem keiner wissen darf. Da ist der immer Geängstigte, der vor jedem Neuen, jedem festen und mutigen Schritt der Verwirklichung zittert, sich selbst nur als Versager sieht und sein Versagen vorwegnimmt. Morgen könnte der Vorrat zu Ende, die Zeit abgelaufen sein, morgen könnte ich vielleicht keine Antwort mehr auf das Leben haben. Da ist aber auch der, dem unter aller scheinbaren Anpassung an die Erfordernisse des Tages ein ewiges Ungenügen, eine unstillbare Sehnsucht im Herzen brennt, die alle Freude, alle Schönheit schal erscheinen läßt. Bei allem, was er erlebt — es war eben doch wieder nicht das *ganz* Erfüllende.

Was dem Hadernden aller Nuancen fehlt, ist das Dennoch, die Lockung vom Unbekannten her. Kein kreatives Vertrauen sagt ihm: morgen sind wieder frische Kräfte in mir wach. Denn dazu ist für ihn das Menschsein selbst zu dunkel.

Wir wissen, daß frühes Verlusterleben, frühe Liebesentbehrung, Elend und Verzweiflung, die das Kind an den Großen miterlebt, sich prägend auswirkt. Es kann uns manchmal so scheinen, daß in unserer problematischen Welt, in der doch so viele Menschen sich in der gespiegelten morgenfrischen Sicherheit von Reklamebildern wiegen, der Depressive wie einer ist, der stellvertretend leidet; an ihm wird offenbar, welche geballten Gefahrenmomente im unbewußten Untergrund unserer Gesellschaft liegen, unbewältigte, noch gar nicht vermenschlichte seelische Potenzen. Der Depressive hat im zarten Alter das Leid, das Unheil, das Menschen einander antun, fühlend in sich aufgenommen, nicht nur den lauten, sondern auch den erstickten Jammer gehört und ist in Angst erstarrt vor den Abgründen von Lieblosigkeit zwischen Mensch und Mensch.

Depressive Entwicklungen finden sich quer durch alle ökonomischen Verhältnisse. Äußere Armut kann sie zwar begünstigen, Reichtum und Überfluß an allen zuhandenen Gütern schließen sie aber nicht aus, ja sie begünstigen sie oft noch mehr.

Nicht wie das robustere Kind, das in seiner Vitalität über die Erdbebenspalten hinweghüpft und spielend fünf gerade sein läßt, aber auch nicht wie der »Niemand«, dem in aller Lebensfrühe eine Haut um die Seele gerinnt — nein, dies depressive Kind partizipiert sehr früh, zu einer Zeit, da die Instrumente der Seele noch unausgebildet sind, an den Tragödien seiner Umwelt. Wo Liebe und Bergung ein Kind noch voll umhüllen sollten, wird es schon tangiert von dem, was draußen ist, jenseits der bergenden Wände. Durch eine übermäßige Bindung, durch die ein Elternteil sich mit dem Kind identifiziert, kann es unter Umständen mit Lasten beschwert werden, die alle natürlichen Aufschwungkräfte lähmen. In seinen Träumen quält sich der Träumer in endlosen Mühsalen ab, die Zerrissenheit der Welt zu überbrücken. Flucht vor Kriegsschrecken endet nur auf anderen wüsten Stätten, über die der Krieg schon hinweggerollt ist. Das Zuspätkommen zum Sterben eines Men-

schen, dem man noch etwas zu sagen hatte, und ein herzzerreißendes Weinen über dieses selbstverschuldete Zu-spät.
... Ersticken in unterirdischen Höhlengängen, deren Wände sich langsam zusammenschieben, während man noch das Singen der fröhlichen Picknickgesellschaft hört, ohne daß man gefunden werden kann ... Das sind beispielsweise Tonarten, in denen sich das Unbewußte zum Ausdruck bringt.

In vielen Entwicklungsschritten muß der Depressive lernen, sich mit dem Menschsein zu versöhnen, sich mit der Welt zu versöhnen, sich mit dem Nächsten von einst und jetzt zu versöhnen, der ihm sein Sein in der Welt vergiftet hat. Das steht als Motto über seinem Heilungsweg, und das alles beinhaltet, daß es zunächst um eine Auseinandersetzung mit sich selber gehen wird. Denn in seinem schwermütigen Hadern steckt der tiefe Unmut gegen sich selbst. So sehr er auch anklagt, und so berechtigt seine Anklage auch ist: im Innersten fühlt er doch, daß er sich selbst verraten hat.

»Laß dich selbst nicht im Stich«, so spricht der alte Mann auf dem Meer in Hemingways gleichnamiger Novelle, die ein dichterisch-seherisches Modell der menschlichen Grundsituation darstellt. »Laß dich selbst nicht im Stich« – als schon jegliche Hoffnung des Überlebens verschwunden war. Und er erreicht den Hafen, an seinem Boot hinter sich herschleppend den großen Fisch, den Glücksfang seines Lebens, von den Haien zum Gerippe abgenagt — und er selbst nun zum Sterben bereit.

Die Fragwürdigkeit unserer Existenz ist es, die der Depressive in tiefster Seele fühlt, aber eben dies kann er sich nicht zurufen, dies *»Laß dich selbst nicht im Stich«, das Kennwort unserer Identität*. Und so baut er sich trügerische Heimaten, er klammert sich an und wird enttäuscht. Bis zur Selbstpreisgabe, bis zur Hörigkeit treibt er die Anpassung, die mehr ist als bloße Anpassung, die ein Ansaugen ist, wenn nicht gar ein Verfließen in den Anderen hinein. Und gerade das will der Andere ja nicht, da er auf diese Weise einen festen Pol zu seinem eigenen Wesen entbehrt.

Durch die Hermeneutik der Träume und die meditativen Gespräche, die sie auslösen, erfährt der Depressive, daß er nicht eigentlich und wirklich *liebt*. Denn lieben heißt ja, um die Freiheit, die Produktivität und die Identität des Partners bemüht sein. Durch das Übermaß seiner Hingabe verschlingt er vielmehr seinen Partner — versäumt aber dabei sich selbst. Hingabe setzt ja voraus, daß etwas da ist, das hingegeben werden kann, daß also der sich Hingebende in sich zurückkehrt, sich festigt und gründet. Langsam wird der Depressive verstehen lernen, daß er mit seiner schrankenlosen Sehnsucht nach Vereinigung eine Last darstellt für den Partner, daß er auf die Unendlichkeit verzichten muß in der an Endlichkeit gebundenen menschlichen Existenz. Das ist ja im Grunde seine Schwermut, das ist ja sein Hadern, daß er das Ja nicht aufbringt zum Schicksal der menschlichen Begrenztheit, das Ja, aus dem allein die Kreativität wirklicher Liebe entspringen kann, das Ja, das die Begrenztheit »aufhebt«.

Oft ist gerade der Depressive, wir sagten es schon, ein religiöser Mensch oder er hält sich dafür. Noch schwieriger wird für ihn die Einsicht sein, daß er, metaphorisch gesprochen, auch Gott vereinnahmt. Macht er nicht Gott zum Objekt, ohne es zu wissen und zu merken? Zum Objekt seiner unstillbaren Sehnsucht aus der Welt heraus — aber damit auch zum Objekt seines Eigensinns und geheimen Vorwurfs, daß Gott ihm das In-der-Welt-Sein zumutet?

»Ich bringe Gott Opfer um Opfer, aber ich erlebe es nicht, daß er meine Seele mit der strahlenden Freude erfüllt, die ich mir versprochen hatte. Im Gegenteil, meine Unruhe, meine Angst wächst, das Meer der Traurigkeit droht mich oft zu verschlingen.«

Sorgfältig und zartfühlend muß das therapeutische Gespräch hier in die Tiefe dringen, um in dem so Klagenden die Erkenntnis aufkeimen zu lassen, als Frage und Problem zunächst, ob er nicht Gott mit seinen Vorstellungen, besser gesagt: mit seiner Phantasielosigkeit vergewaltige. So gut er es auch meint — liegt nicht in den »Opfern«, mit denen er Gott zu bestimmen sucht, eine eigensinnige Metaphysik, die er auf das Unerforschliche projiziert?

Vielleicht ist ihm noch niemals klargeworden, daß auch das Glauben, so wie das Denken und das Fühlen, einer ständigen Entwicklung bedarf. Sollte der Glaube nicht alles in uns zur Reifung bringen, was uns befähigt, auch »ohne Gott« in der Welt zu sein? Wird nicht der junge Mensch, der zum erstenmal von seinem Vater allein auf eine weite Reise geschickt wird, gerade unterwegs begreifen lernen, wer er selber ist?

Keine schematische Theorie darf beim Therapeuten dominieren. Dafür aber sollte er mit um so größerem Spürsinn das früh erfahrene Leid, die früh erfahrene Angst und Ausweglosigkeit seines Patienten intuieren. In den Fällen, in denen sich eine Elternperson, sei es die Mutter, sei es der Vater, dem Kind übermäßig geöffnet, sich fälschlich in ihm einen Ersatzpartner herangezogen hat, mußte ja eine Übersensibilität der kindlichen Seele entstehen. Alles, was diesen Großen kränken konnte, wurde krampfhaft verbannt; da das aber gar nicht gelingen konnte, mußte ein Gefühl grundsätzlichen Versagens das Ich des Kindes von vorneherein durchfärben.

»In mir steckt etwas abgründig Trauriges. Das göttliche Erbarmen, sooft ich mich dessen auch wieder versichere, reicht nicht daran hin, diese Trauer aufzulösen. Sie steckt wohl in meiner ersten Anlage, in meiner Natur.«

»Und wenn wir das auch konzedieren würden, was ergäbe sich daraus als Folge? Durch Ihre Bemerkung zeigen Sie ja doch schon an, daß Sie Stellung zu sich nehmen wollen; das aber heißt Möglichkeiten neuer Erkenntnis, neuer Selbstinterpretation zu finden. Sollte Ihre Wehmut, Ihre Traurigkeit nicht einmal befragt werden auf das, was sie eigentlich meint? Vielleicht meint sie eine schöpferische Fähigkeit, die ganz die Ihre ist, die Sie aber noch gar nicht entdeckt und entwickelt haben.«

Therapeutisch geschieht eine solche »Befragung« nun durch das Hervortreten des Unbewußten in den Träumen und deren sorgfältige Hermeneutik. Der Therapeut darf dabei in keiner Weise durch ein übernommenes Menschenbild festgelegt sein, etwa in dem Sinn: »Sehen Sie da, Sie haben bloß Ihre Triebe unterdrückt, insbesondere die sexuellen, und das macht Ihr Unglück und Ihre Gehemmtheit aus.« Genauso verhängnisvoll aber würde sich jede andere weltanschaulich vorgeformte Deutung auswirken. Sie würde dem Patienten nicht zu dem verhelfen, worauf nun alles ankommt: in eine Auseinandersetzung mit sich selbst einzutreten, mit seinem »Geist der Schwere«, aber auch mit dem, was als unaussprechlich fernes, als eschatologisches Sehnsuchtsbild in seiner Seele lebt.

Es wird eine umstrittene Frage bleiben, wodurch letztendlich die *heilende Wende* im Unbewußten des Patienten eintritt. Was der Therapeut erfährt, ist jedenfalls das, daß der Patient beginnt, ihm Träume zu bringen, die eine kostbare Perle enthalten, die aber er, der Träumer selbst, noch nicht wahrnimmt. Jene Phantasie, die das Wesentliche merkt, muß sie entdecken. Oft sind es auch kleine Traumsequenzen, die Krisis und Wendung zur Anschauung bringen. Als Beispiel führen wir drei Träume (wir können sie nur gekürzt wiedergeben) einer 45jährigen, schwermütigen, zugleich aber auch zwanghaften Patientin an. Sie hatte sich gerade unter langwierigen Bedenken entschlossen, die Verwaltung ihres großen Gutes selbst zu übernehmen.

a) »Mein älterer, im Krieg gefallener Bruder kommt plötzlich nach Hause. Kein Erstaunen, keine Freude. Er wird auch eine Frau herbringen. Ich weiß, jetzt wird er alles, unseren Hof, Wald und Felder an sich nehmen. Ich bin überflüssig, ich kann gehen; ich bin heimatlos.«

Der Traum überschwemmt ihren erstgefaßten Entschluß mit einer Welle des Verzagens. Ich kann ja nichts, ich bin ja nichts, mir wird ja niemals etwas gelingen. Ein Stärkerer kommt, der mich beiseite schiebt; ich habe keine Heimat, keinen Sinn, überhaupt keinen Verbleib mehr in der Welt.

Daß in dem Traum sich auch etwas Positives meldet, das Auftauchen männlicher Kraft (als Möglichkeit in ihr selbst?), daß sie also gemeinsam mit dem »Bruder« das Werk schaffen könnte — sie läßt es nicht zu; das Angebot an produktiver Möglichkeit, das der Traum ja auch enthält, wenn man ihn nur so sehen könnte, wird von ihrer hadernden Einstellung hinweggeschoben.

b) »Es war in der Stadt meiner Internatszeit. — Im düsteren Hinterhof einer Arbeitersiedlung. Hexen und Zauberer haben da in metallenen Kästen ihre Zauberwerkzeuge aufbewahrt. Ein lauter Schrei ertönt. Eine Hexe hat sich umgebracht.«

Die Träumerin malt sich die Endstation ihres Elends aus. Da landet sie also! Statt der weiten Natur umgibt sie ein finsteres, enges Geviert, ein düsterer Hinterhof. Hier aber findet sich Seltsames, Zubehör aus der magischen Welt des Märchens. Zauberer und Hexen scheinen hier zu hausen. Die tief verborgene Ambivalenz der Schwermut deutet sich von ferne an. Könnte ich nicht durch Zauberei den Bruder, der mich vertrieben hat, erledigen? Über gewaltige, magische Wirkkräfte verfügen ja offenbar die dort Hausenden. Auf dem Tiefpunkt der Verlassenheit von Gott und den Menschen scheint sie selbst zur Hexe werden zu können. Da ertönt der Schrei. Ohne greifbare Erklärung »weiß« sie einfach, wie man im Traum eben »weiß«: eine Hexe hat sich umgebracht. Die Hexen des Märchens pflegen sich nicht umzubringen. Sollte es die hexenhafte Möglichkeit in ihr selbst sein, die Hexe als der negative Archetyp des Weiblichen, die sie in diesem Hofe trifft und — überwindet?

c) »Im Dom der Stadt, in der ich als Kind auf der Schule war. Während der Zeremonie kommt ein wundervoller Vogel hereingeflogen; rot schimmernd schwebt er eine Weile durch die Höhe des Raumes und dann wieder hinaus. Förmlich fühle ich mit ihm, wie er sich jetzt der Sonne entgegenschwingt. Als käme die Sonne auf ihn zu, so wird er es fühlen.«

Die drei Träume waren im Verlauf von etwa 8 Tagen geträumt worden. Wer verspürte nicht ganz unmittelbar die Befreiung der Seele im dritten Traum? Eine Wende ist eingetreten, und es bedarf nicht vieler Worte, sie der Träumerin ins Erleben zu rufen. Nicht die Werkzeuge der Zauberei behalten das Wort. Jetzt ist es der lebendige, der wunderbare Vogel, der Geist in seiner schöpferischen Macht, der die Symbolsprache des Traumes trägt. Als ein heilig numinoses Wesen durchschwebt er den Kirchenraum, um dann — und das Entzücken des Vogels fühlt die Träumerin mit jeder Nerve mit — der Sonne, dem großen Licht unseres Lebens entgegenzufliegen. Ja, die Sonne kommt ihm entgegen!

Versuchen wir, noch ein weiteres Beispiel einer heilenden Wende im Heilungsvorgang eines depressiven Menschen zu geben. Es handelt sich um eine 31jährige Patientin, von der nur soviel vorausgeschickt sei, daß sie von Kindheit an schwer am Leben trug; sie war in innerer Abhängigkeit an die beiden einander schwer frustrierenden Eltern gebunden; nie durfte sie ihren Gefühlen gestatten, die Welt zu erobern. Dafür aber stellte sie hohe intellektuelle Forderungen an sich selbst. Inzwischen war sie durch ein inneres Ungenügen an ihrem Beruf und durch die Unerfülltheit ihres weiblichen Seins in eine schwere Lebenskrise geraten. In ihren Begegnungen zündete kein Funke, matt und träge schlich ihr Tagesrhythmus dahin, immer wieder versank sie in stundenlange leere Müdigkeit, aus der sie sich nicht aufzuraffen vermochte.

Wer uns nun versichern würde: diese junge Frau müßte eben den Weg zum Manne finden, der hat so gut recht, wie jede Vereinfachung recht hat. Wer erklärt, der in der Winternacht eines Hochgebirges Verirrte brauche ja nur ins warme Wirtshaus zu gehen, der trifft auch den Nagel auf den Kopf.

Wir sollen den Weg eines Menschen nicht durch Vorherwissen festlegen. Der Mensch selbst ist der, der im Unterschied zu allen anderen Naturwesen die *Wahl*, die Frage, die Entscheidung hat. Wo der Weg zum anderen Geschlecht unter den Erschwerungen der Neurose zu bewältigen ist, da heißt es durchaus nicht immer, belanglose Hemmungen schleunigst über Bord zu werfen und alsbald im »Sex« seine Erlösung zu suchen. Denn diese Erlösung wäre keine Erlösung!

Der erste der beiden Träume, die wir berichten wollen, lautet (gekürzt) folgendermaßen:

a) »Mit meinem Vater fahre ich im Auto zu einer Stadt, die wir durch ein Tor von Osten her erreichen. Wir kommen in einen uns ganz fremd anmutenden Stadtteil, der aus lauter Hütten zu bestehen scheint, in denen wohl Ausländer, Gastarbeiter wohnen. Durch ein Gäßchen sehen wir, daß diese Hütten an eine sehr mächtige, aber ungewöhnlich niedrige gotische Kathedrale angebaut sind wie die Buden eines großen Markts. Wir sind jetzt zu Fuß, und nicht mein Vater geht neben mir, sondern meine Mutter. Sie ist jünger als in Wirklichkeit und überläßt mir völlig die Führung. Die Kirche, zu der wir nun kommen, haben wir noch nie gesehen. In den ungewöhnlich breit ausladenden Stützpfeilern spielt das Mondlicht. Wir müssen durch die Kirche hindurch, weil kein Weg an ihr vorbeiführt. Drinnen werde ich gewahr, daß es gar keine christliche Kirche ist. Vermutlich ist es eine mohammedanische Moschee. Jenseits landen wir auf einem Platz, der durch die Stadtmauer abgeschlossen ist. In der Stadtmauer erblicke ich ein großes hölzernes, verschlossenes Tor. Ich steige eine Treppe zu dem Tor hinauf, neben dem sich drei Schilder befinden. Diesen Schildern entnehme ich aber nicht Namen, sondern sie enthalten einen verschlüsselten Hinweis auf drei Geschichten, die mir irgendwie bekannt werden müssen als Vorbedingung dafür, daß das Tor sich öffnet. Als ich die Treppe wieder hinuntersteige, kommt ein Hund auf mich zugesprungen, ein sehr schönes, edles Tier. Ich widerstehe meinem ersten Impuls, den Hund von mir zu weisen, ich lasse ihn an mir hochspringen und mit seiner schmalen Zunge meine rechte Hand ablecken — in dem deutlichen Gefühl, daß es etwas mit den ›Geschichten‹ zu tun hat. Jetzt leuchtet nicht mehr der Mond, sondern es bricht schon das erste graue Licht des Morgens an. Wieder bei der Kirche angekommen, bemerke ich, daß wir nicht durch die Kirche hindurch müssen, sondern daß es einen Weg gibt, der um sie herum führt.«

Der Traum ist zu lang, um ihn in jedem seiner Teile hier ausführlich zu interpretieren. Aber zweifellos teilt sich in seiner Transparenz dem Leser schon etwas mit von den Bedeutungen und Hinweisen, die er enthält. Alsbald nach der Einfahrt durch das östliche Tor in die fremde Stadt beginnt der seltsame Initiationsweg. Zunächst befindet man sich im unheimlichen, von »Ausländern« bewohnten nächtlichen Gassengewirr, in dem nur der Blick auf die mondbeschienene Kathedrale orientiert. Die Träumerin, der bisher die christliche Tradition Schutz und Abwehrkraft geboten hat, ist in das Gelände ihres Unbewußten geraten. Die seltsame Verwandlung setzt sich fort: die gotische Kathedrale — sie ist niedrig, als wäre sie ein Stück weit in die Erde gesunken — erweist sich als mohammedanische Moschee. Sollte die christliche Dominante von einem ganz anderen Aspekt aus betrachtet werden? Immerhin, der Weg führt nur durch die Kirche, einen anderen gibt es nicht. Und so gelangt man vor die Stadtmauer mit dem großen verschlossenen Tor. Ein unwiderstehlicher Impuls treibt die Träumerin die Treppe hinauf zu den drei kleinen Schildern. Und hier erweist der Traum, ganz wie im Märchen, seine psychagogische Wirkkraft: nicht gleichgültige Namen gilt es zu entziffern, sondern drei »Geschichten« mußt du selber finden, damit das Tor sich öffnet, ganz *wie der Held im Märchen* drei Aufgaben zu lösen hat. Und wie es im Märchen oft die Tiere sind, die dem Helden zuhilfe kommen, so springt hier alsbald, kaum hat die Träumerin sich umgewendet, der schöne Hund ihr entgegen. Bisher gewohnt, alles »Animalische« von sich fernzuhalten, erlaubt sie dem Tier die zärtliche Bewillkommnung — eine erstmalige Haltung, in der sich die »Metanoia«, die Umkehr, als ein Gehorsam gegen den Auftrag bekundet. Schon enthüllt sich also der Sinn der ersten »Geschichte« als Offenwerden für das, was dein Leibsein, dein leibliches und weibliches Menschsein, das du bisher auch deinem Bewußtsein ausgeklammert hast, mit dir meint. Die zweite und die dritte Geschichte bleiben noch unerörtert. Aber so viel wird schon verraten: es gibt einen Weg »*um die Kirche herum*«. Das dürfen wir wohl lesen als eine Lösung vom religiösen »Du mußt« und »Du darfst nicht« hin zum befreienden »Du darfst«. Du darfst nämlich umschreiten, kontemplieren im wörtlichen Sinne; du darfst die Kirche, die ja bereits vorher als Moschee ihre ökumenische Tiefe durchscheinen ließ, in eigener Meditation frei auf ihr Wesen und ihren Kern befragen, frei dir zueignen.

Einige Zeit später träumt dieselbe Patientin sich (wir können den ebenfalls langen Traum nur teilweise wiedergeben) im Gespräch mit ihrem Fahrlehrer, bei dem sie de facto vor einiger Zeit die Fahrprüfung gemacht hatte; es handelt sich um ein recht eigentümliches Gespräch.

b) »Wir unterhalten uns über die Schwierigkeit, für das, was einem andern wirklich mitzuteilen lohnt, den richtigen und den genauen sprachlichen Ausdruck zu finden, so daß das ›wahr‹ ist, was man sagt, und nicht durch gängige Topoi verfälscht wird. Ich bin selber sehr erstaunt über dies Gespräch und über das literarische Urteilsvermögen dieses Mannes. Schließlich fragt er mich, ob ich ein bestimmtes Buch kenne. Als ich verneine, charakterisiert er kurz den Inhalt und meint, ich müsse es unbedingt lesen. Es ist ein Buch teils historischen, teils soziologischen, teils theologischen Inhalts mit dem Titel: JERUSALEM, MOSKAU, KONSTAN-

TINOPEL. Ich weiß ganz unmittelbar, daß das Buch sehr wichtig für mich sein wird, und bin betreten, daß ich bisher noch nichts davon gehört habe. Wieder bin ich erstaunt über dieses Wissen bei ihm, andererseits aber ist es mir ganz selbstverständlich, daß gerade er sich in dieser Weise mit mir unterhält.«

Bewunderung, doch sehr kühler und distanter Art, hatte die Patientin bisher nur Kapazitäten des Katheders gezollt. In diesem Traum aber tut eine ganz unvermutete Nähe zu einem erdhaften Mann sich auf, einem, der sich auf dem Boden der praktischen Realität auskennt, der sie als Fahrlehrer in die Lenkung und Beherrschung des Wagens, des Motors, der Straße eingeführt hatte. Die emotionale Färbung des Traumes ist unverkennbar, und wir dürfen es als ein Indiz echter Heilung werten, der langsamen und eben nicht einer Modellvorstellung, sondern eigenen Gesetzen folgenden *Identitätsfindung* der Patientin, daß nicht etwa alsbald schon das Klischee von Kuß und Bett erscheint, sondern eine Integration männlichen Menschseins auf *den* Wegen erfolgt, die für die Patientin gangbare und doch so überraschende Möglichkeiten bieten. Sprache und Wahrheit: Grundprobleme der Depressionsneurose, existentiell erfahren im Verstummen nicht aussagbaren menschlichen Leidens, in dem Worte nicht mehr erhellen, wo Weinen anstelle des Sprechens tritt und die Seele ihre Wahrheit in sich hinunterschluckt. Tut sich aber nicht im Titel des unbekannt gebliebenen Buches eine Verbindung auf zu dem Traum von den drei Geschichten, die die Träumerin selbst zu finden hatte?

Natürlich kann die Fülle der Bezüge, die aus solchen Traumereignissen aufleuchten, hier nicht aufgeführt, sondern nur entfernt angedeutet werden. Ganz deutlich ist die Sympathie, die die Träumerin zu ihrem Fahrlehrer empfindet und das große Staunen, daß der schlichte Mann so verblüffende Eröffnungen zu vermitteln vermag. Wo der Depressive aber zu staunen beginnt, da keimt auch Mut auf, und da beginnt die dunkle Welt des Haderns Farbe und Lockung zu gewinnen — Begierde zu erwecken.

Keineswegs erheben die Beispiele, die wir brachten, den Anspruch, prototypisch zu sein für alle Heilungsverläufe des schwermütig Hadernden. Die Thematik schwerer Aggression gegen sich selbst, des Haderns mit der eigenen Existenz, die aus allen Dingen und allen Erfahrungen nur das vernimmt, was zu schwer wäre für die eigenen Kräfte, die sich selber zürnt, daß sie nicht leben kann — diese Thematik stellt die ersten therapeutischen Aufgaben. Von da aus bahnt sich der lange Weg der Versöhnung mit der Welt und der produktiven Bejahung des Menschseins an.

3. Numinoses darf sich ereignen
Heilungsansatz des erbittert Rechtenden

Da unsere Gesellschaft jahrhundertealte Tabus, insbesondere das der Sexualität, »abgeschafft« hat, könnte ein gewisser Optimismus dahin gehen, daß neurotische Syndrome, besonders das der Zwangsneurose, im Verschwinden begriffen seien. Dies um so mehr, als auch die antiautoritären Tendenzen in der Erziehung sich immer mehr Geltung verschaffen. Die praktische Realität zeigt uns aber, daß die psychologischen Gegebenheiten weit komplizierter liegen. Einmal gibt es in unserer Gesellschaft immer noch erhebliche Schichten, in denen die »Liberalisierung« keineswegs mitgemacht, im Gegenteil als Verschleiß echter Ethik abgelehnt wird und jedes Abweichen von den festen Werten verpflichtender Ordnung, auch in der Erziehungshaltung, als Übel gilt. Ferner aber, was auf Zukunft gesehen noch wichtiger ist: Stellt die »Trieberlaubnis« als solche eine Lösung der Probleme von Menschlichkeit und Mitmenschlichkeit dar? Ist der junge Mensch, dem »alles erlaubt« ist, in der Tat frei von Ängsten? Hat er die Chance einer unbedingt glücklichen Entfaltung? Scheint nicht gerade er oft einer viel tieferen Beunruhigung ausgeliefert zu sein als der Beunruhigung durch »unerledigte Triebansprüche« bzw. durch die Schuldgefühle aus sexuellen Notlösungen? Wir meinen nicht etwa die Sorgen, die die sexuelle Funktion als solche ihrem Träger bereiten kann, indem auch sie nun schon wieder als »Leistung« verfremdet, vom Ehrgeiz eines sexuellen Managertums benutzt und von einem schwachen Ich zum Ausweis seiner »Potenz« gemacht werden kann.

Wir haben vielmehr jene tiefer wurzelnde Angst im Auge, von der die Freigabe und moralische Neutralisierung der sexuellen Triebe den Menschen keineswegs befreit: das Erschrecken vor der Sinnlosigkeit, die Angst vor der Zeit, die Angst vor einer »Schuld«, die in einer tieferen Dimension liegt und nicht so leicht faßbar gemacht werden kann. Gerade wo dem Über-Ich viel von seiner traditionellen Machtstellung entzogen, dem »Es« ein viel breiterer Spielraum gewährt worden ist, kann jene leisere Stimme hörbar werden, die wir als die Wahrheitsstimme im Menschen bezeichnet haben, und sie ist es gerade, die zur Ratlosigkeit, ja zur Verzweiflung führen kann. Das Thema der Lieblosigkeit von Mensch zu Mensch, das Thema des Friedens unter den Menschen stellt sich krasser und unverhüllter denn je.

Die Eltern, die ihren Kindern »alles« erlauben, — was *geben* sie ihren Kindern? Sehr oft lautet die Antwort: Geld. Und in dieser Antwort drückt sich die ganze Flucht vor dem Problem aus, die Gleichgültigkeit, der Mangel an jeglicher Phantasie dafür, worin eine echte Hilfe zur Identitätsfindung bestehen könnte. Der Griff des Jugendlichen nach der Droge besiegelt oft genug diesen Tatbestand. Ein verhängnisvoller »Zwang«, sich zu betäuben, in eine kollektive Ekstase zu entfliehen, die Zukunft abzuschirmen, die nicht mehr zum Einsatz lockt, sondern als ein dunkler Raum der Ereignislosigkeit in der Ferne liegt, sich durch falsches Glück zu betrügen — das sind die Trends, denen die heutige, so freie Jugend in hohem Maß verfällt.

»Wenn eines Tages die Orgien anfangen, mich zu langweilen, was wird dann bloß aus mir werden?« Diese Frage eines 20jährigen enthüllt die erschreckende Tragik der erloschenen Kreativität der Seele. »Es könnte wohl sein, gibt er sich selbst zur Antwort, daß ich dann zu einem fanatischen Moralisten werde, wie er sich rigoroser gar nicht denken läßt.«

Oft können wir auch beobachten, daß ein Kind, das in einer chaotischen Umwelt aufwächst, sich sehr früh eigene Gesetze gibt, um sich zu schützen vor der heillosen Unordnung der Großen; es bildet Riten, auf denen es als an gleichsam sakralen Ordnungen festhält; auch wo sie längst die eigene Lebensdynamik des jungen Menschen nur noch einschnüren und ihn in verhängnisvoller Weise isolieren, können sie nicht aufgegeben werden. Was einst sinnvoll schützte, wird zum sinnlosen Zwang.

Wie immer also der Ursprung einer zwanghaften Grundhaltung als Abwehr gegen das eigenständige Selbstsein zu verstehen ist, immer finden wir in ihr das verzweifelte Rechten gegen »das Böse«, sei es das Böse in der eigenen Brust, sei es das Böse im menschlichen Du bzw. in der menschlichen Gesellschaft — die unheimliche Macht des »Bösen an sich«.

Im übrigen gibt es auch heute noch genügend familiäre Diktaturen. In der Regel wird auch heute die zwanghafte Grundhaltung da entstehen, wo Satzungen und Imperative, autoritäre Gebote und Verbote das Werden des sich selbst und der Welt vertrauenden Lebensgeistes, die freudige Initiative des kindlichen Menschen überwalzen. Das Kind und der junge Mensch bedürfen der Freiheit *und* sie bedürfen der Führung, im ständig sinnvollen Gleichgewicht.

»Mein Vater pflegte uns strenge Aufträge zu geben, deren Ausführung er selber bis ins Detail überwachte. Im Haus und im Garten hatten wir stets seine Anweisungen zu befolgen. Wenn wir nur eine Kleinigkeit anders machen wollten, war er schon zur Stelle und korrigierte uns diktatorisch. Nichts durften wir einmal selbständig ausprobieren. Und deshalb machten wir alles lustlos und ungern.«

»Zu Hause mußte ich der ›heiligmäßig‹ Brave sein, denn meine Eltern hatten mir frühzeitig beigebracht, daß ich für die geistliche Laufbahn bestimmt sei. Voll Sorge ging auch bald mein Vater, bald die Mutter zum Lehrer unserer Dorfschule, um sein Urteil über mich zu erkunden. Vor gleichaltrigen Kindern hatte ich immer Angst und hielt mich fern von üblen Raufereien. Einmal aber, in der Dämmerung eines Winterabends, erwischte ich einen jüngeren schwächeren Mitschüler, und in einer plötzlichen Wut verdrosch ich ihn hemmungslos. Dieser Tat schämte ich mich so, daß ich sie nicht einmal zu beichten wagte.«

»Mein Vater war viel krank und leidend. Schon als kleines Mädchen sollte ich still und gefügig sein, war aber von Natur aus wild und motorisch wie ein Junge. Nie vergesse ich, wie meine Mutter, eine ewige Nörglerin, nach irgendeiner Unart von mir mit erhobenem Zeigefinger zu mir sagte: ›Wenn du nicht gehorchst, hast du das Leben deines Vaters auf dem Gewissen.‹«

Alle die zahlreichen und so verschiedenartigen Ausformungen der Zwangsstruktur haben das Eine gemeinsam, was man als eine frühe Kanalisierung der Identität bezeichnen möchte. Gerade dadurch wird aber der kindliche Mensch Konflikten verfrüht ausgeliefert — dann nämlich, wenn er die Gebote doch einmal durchbricht, und keine Kraft gewachsenen Selbstvertrauens ihm nun helfend und wegweisend zukommt. So bleibt ihm nichts übrig, als sich aus Angst vor der eigenen Freiheit mehr und mehr hinter den Schutzwällen zwingender Satzung zu bergen, sich in verstärkte Sicherungen zu retten: denn die selbständige Gewissenserfahrung muß vermieden werden. Verödung der Seele, das Ressentiment gegen die, die freier sind, das erbitterte Rechten gegen das Böse in sich selbst und in den Anderen stellen sich als Folgen ein. Es ist, als ob die transzendierenden Funktionen der Seele sich verhärteten, und somit werden auch die Grundbedingungen der Existenz gefangen gesetzt: die Schuld durch Paragraphen, Zeit und Tod durch das Dogma, das natürliche Leben und Lieben durch die Tafeln der Konvention.

Das starre System des erbitterten Rechters wird durch den therapeutischen Vorgang ins Wanken gebracht und in Frage gestellt. Nicht der Therapeut könnte dies wollen oder arrangieren, sondern der Leidensdruck des Patienten, seine quälende Symptomatik zwingen ihn zur Auseinandersetzung mit sich selbst. Denn mehr und mehr wird er dessen inne, daß er nicht mehr spontan lebt, daß dämonische Repressalien des Schicksals ihn auf Schritt und Tritt verfolgen und ihren Zoll fordern. Er spürt, wie er sich automatisch sichert gegen jedes frische, unternehmende Tun wie auch gegen die Hingabe der Seele, sei es in der Liebe und Freundschaft, sei es in der Kunst, sei es im religiösen Erleben.

So wird die Welt unheimlich, und aus der Stimmung des Unheimlichen flüchtet er sich in den einen, engen, umzirkten Bereich, in dem er gültige Ordnungen erzwingen kann, die jeder Veränderung widerstehen. (Als modernes literarisches Beispiel könnte dafür etwa A. Weskers Theaterstück »Die Küche« stehen. Der Herr der Küche hat nur noch einen einzigen Lebenszweck: daß die Küche funktioniert, dieser Riesenapparat der Nahrungszubereitung für die Hunderte von anonymen Gästen. Als er zu Mord und Selbstmord in der Küche kommt, sieht er kein menschliches Problem, sondern in schauerlicher Versteinerung nur den drohenden Stillstand seiner Fabrik, seiner selbstgemachten Schöpfung.)

Wenn der Depressive gleichsam stellvertretend leidet für die Tragik der menschlichen Gesellschaft in ihrem Tanz um das goldene Kalb, so repräsentiert der Zwanghafte die apersonale Automatisierung, die »Vermassung und Verkassung« der Gesellschaft, die von ihr selbst gar nicht mehr wahrgenommen wird, aber im Unglücklichsein des erbitterten Rechters als ein Leiden, eine Krankheit der Seele in Erscheinung tritt.

Im Gespräch mit dem zwangsneurotisch Erkrankten klopft der Therapeut mit seinem feinen Silberhämmerchen vorsichtig die starren Vorstellungswände ab. Könnte es nicht sein, daß das Leben in Wirklichkeit »ganz anders« ist? Könnten wir nicht versuchen, ein kleines Fenster durchzubrechen in dieser Wand und zu hören, was da hereintönt? Ist der Gott, den du mit deiner Strenge zu zwingen suchst, nicht vielleicht ein Götze? Und sagst du dir das nicht im Grunde selbst? Nur, du wolltest es nicht wahrhaben, weil dir ein Zusammenbruch deines Systems, ein unerträglicher Konflikt gedroht hätte. Deine Definitionen und Deduktionen hätten nicht mehr gestimmt. Indessen bist du aber gekommen. Wenn auch dein Verstand vorgibt, daß du nach dem wissenschaftlichen Lehrbuch von deinen Symptomen befreit werden willst, so ahnst du doch, daß er nur teilweise recht hat.

Szenen aus der Lebensgeschichte, wie die erwähnten, blenden auf, die oft schwer entzifferbaren Texte der gelebten Geschichte erscheinen. Und immer deutlicher richtet der Analysand an sich selber die Frage: Warum habe ich nicht Widerstand geleistet und gekämpft, warum bin ich nicht ausgebrochen? — denn eigentlich hätte ich es ja gekonnt; eigentlich hatte ich ja doch trotz aller Übermächte immer Stimme, Wahl und ein Stückchen Freiheit in diesem scheinbar undurchdringlichen Knäuel von Schicksal, Schuld und Verantwortung.

Die seelische Bewegung, die anhebt, gewinnt umgestaltende Dynamik durch die *Mitsprache der Träume* und ihre gemeinsame Betrachtung. Wird in ihnen doch Bild und Ausdruck, was der Patient sich selber aus der Tiefe seines

Unbewußten sagt. Betrachten wir als Beispiel den folgenden Traum eines 40jährigen, streng katholisch erzogenen und denkenden Mannes.

»In einer großen, mir unbekannten Wohnung gehe ich zur Türe, an der es geklingelt hat. Dort steht eine mir unbekannte Person, die so gut eine Frau wie ein Mann sein könnte. Die Person trägt einen langen dunklen Mantel. Außerdem hat sie eine Brille auf, deren Gläser wie bedrucktes Illustriertenpapier aussehen. Ich sage: ›Gehen Sie fort.‹ Die Person geht nicht. Ich brülle sie an: ›Scheren Sie sich weg.‹ Sie bleibt schweigend stehen. Ich schlage sie. Sie rührt sich nicht von der Stelle. Nach einem kurzen Augenblick der Überlegung fordere ich sie mürrisch auf: ›Na los, herein!‹ Sie bewegt sich noch immer nicht. Mir kommt der Gedanke, die Person könnte ja irgendeinen geheimen Auftrag an mich haben. Nun gehe ich auf sie zu, ergreife ihre Hand und nötige sie, in die Wohnung zu kommen, indem ich sage: ›Bitte, kommen Sie doch herein, wir müssen schließlich miteinander leben.‹ Darauf läßt sie sich ein und kommt in die Wohnung. In dem Zimmer, das wir betreten, ist es so dämmerig, als ob draußen Nacht wäre. Es steht dort ein breites Bett, auf das wir uns ohne Umstände legen wollen. Wir haben uns aber noch nicht hingelegt, als von einem gekachelten Sims oberhalb des Bettes Stuckbrocken herunterfallen; teilweise fallen sie auf das Bett, teilweise fliegen sie quer über uns hinweg direkt zum Fenster hinaus.«

Träume sind keineswegs supranaturale Offenbarungen. Zwielichtig, verdächtig, versucherisch bringen sie uns ihre seltsamen Gewebe dar. Instinktiv begreift wohl die Intuition, daß in dem angeführten Traum etwas Wichtiges geschieht, das Wagnis nämlich, daß der Träumer diese verhüllte, unbekannte Mann-Weib-Person in einer plötzlichen Wandlung seiner schroff abweisenden Haltung zu sich hereinkommen läßt. Eine innere Stimme gibt ihm plötzlich den Rat, dem Gast Eintritt zu gewähren. Zu dem unsympathischen Faktum der Brillengläser, die aussehen, als seien sie mit Illustriertenpapier beklebt, kommt dem Träumer der peinliche Einfall, daß er selbst ja ein gewisses Faible für erotische Magazine hat, an denen er sich gelegentlich voyeuristisch berauscht, ein Faktum, das in scharfem Kontrast zu seiner sonstigen kontrolliert moralischen Verfassung steht. Und dieser Zug ist es auch, der den ambivalenten Fortgang der Szene vorbereitet: Als das Paar sich zu dem Bett begibt, scheint ein Poltergeist am Werk zu sein, der Stuckbrocken auf das Bett und quer durch das ganze Zimmer schießt und so ein Veto einlegt gegen die nun offenbar ganz plötzlich erstrebte sexuelle Vereinigung.

Man kann es dem Träumer nachfühlen, daß er mit einiger Verwirrung dieser Lieferung seines Unbewußten gegenübersteht. Was soll ich denn nun eigentlich, fragt er einigermaßen unwillig. Erst lasse ich gegen meine eigene Abwehr diese Fremdlingin herein; wie ich sie aber zum Bett führe, gerät die Geisterwelt in Aufruhr, amüsiert sich über mich und inszeniert einen massiven Spuk.

Nun ja, Sie haben den Traum aber selbst geträumt. Ihr Befremden und Verdruß ist verständlich, aber doch wohl nicht ganz angebracht. Malen wir uns einmal aus, wie die Sache sich entwickelt hätte, wenn Sie dem Gast einen Platz am Tisch angeboten und ihm vorgeschlagen hätten, zuerst einmal die ominöse Brille abzunehmen. Der Träumer, dem jetzt hinter dem Unheimlichen die leise Komik aufgeht, lächelt und meint, in der Tat, man hätte sich eigentlich erst einmal kennenlernen sollen; ich hätte das Feuer im Kamin anschüren, eine Lampe bringen und ein Glas Wein auf den Tisch stellen können. Wer weiß, wie sich die Beziehung zu meinem unerwünschten Besuch dann entwickelt hätte.

So einfach ist also die Sache im Grunde. Ja, die Person hatte einen »geheimen Auftrag« an ihn. Diesen aus ihr herauszuhorchen hatte er aber in der automatisch anspringenden Vorstellung eines mechanischen Sexualgenusses ganz verabsäumt. Was könnten die okkulten Steinwürfe denn nun also meinen? Sieh dem Menschen in die Augen, kümmere dich um ihn, horch erst einmal auf das Geheimnis Mensch. Und wenn Liebe kommen soll, dann wird sie auch kommen, aber nicht als gleichgültiger Akt zwischen zwei Fremden, sondern ganz anders, so wie das Leben schenkt. Sollte darin vielleicht der »geheime Auftrag« bestehen, den der fremde Besuch mit sich brachte?

De facto lebte der Patient als strenger Moralist, der die in Unzucht schwelgende Welt verurteilte und selten, sozusagen in Klammern gesetzt, fast heimlich vor sich selbst, für eine kurze Stunde, die er zu verleugnen wünschte, der Gewalt »des Bösen« einen Tribut zollte. Sagt dieser doppelbödige, unheimlich erschreckende und zugleich auch wieder leise komische Traum nicht ganz eindeutig: Weg mit der beklebten Brille, die *du selbst* auf der Nase hast! Weg aber auch mit jeder Heuchelei! Der *Mensch* hat dir etwas zu sagen. Nimm seinen »geheimen Auftrag« ernst, den du in deinem ganzen Leben noch nie begriffen und noch nicht einmal geahnt hast. Erfüllung und Reichtum ist es ja, was die Geschlechter einander zubringen dürfen, und jeder hat für jeden einen »geheimen Auftrag«.

Dem Patienten war seiner ganzen Herkunft und Denkungsart nach alles Numinose fremd. Wenn es in der therapeutischen Situation gelingt, durch die Hermeneutik eines Traumes das Erleben eines Numinosen anklingen zu lassen, dann haben zwanghaft Sicherungen sich schon gelockert. Nicht etwa das okkulte Element bildet den numinosen Einschlag, aber die ganze Meditation des Traumes ließ in ihrer Symbolik etwas von der numinosen Sprache der Seele durchdringen.

Der scheinbare Widerspruch des Traumes: das Einlassen des Gastes und das Veto der »Geister« enthüllt sich als ein sinnvolles Problem. Sprach denn nun eigentlich das Moralgewissen oder das Reifungsgewissen aus diesem Traum?

Neue Erfahrungen wird der Patient in das psychotherapeutische Gespräch hereinbringen, die ihm helfen, sein eignes unbewußtes Verhalten den Menschen gegenüber zu erhellen, wozu die Übertragung in ihren emotionalen Wandlungen ihre Beiträge erbringt. Selbstverständlich »weiß« ein intelligenter Mensch, daß »das Sexuelle« nicht »das Böse« ist; aber oft genug finden sich doch noch Spuren längst verschollener theologischer »Programmierung«, die unmerklich das zwanghafte Sicherungssystem befestigt haben. Deshalb kann der Heilungsweg keinesfalls über eine theoretische Orientierung oder etwa gar durch die Übernahme der Anschauungen und Prinzipien des Therapeuten erfolgen. Ein langsamer Abbau des Sicherungssystems findet statt, das in seiner Tiefe ja einen ganzen Weltentwurf gegen das Böse, die Schuld und den Tod (»der Sünde Sold«) enthält. Nun können die Möglichkeiten echten numinosen Erlebens erst aufblühen. Aber auch der Mitmensch mit seinem ganzen Leid und Glück wird nun erst in das lebendige Feld der Begegnung treten.

Wie nahe sich der zwangsneurotische unbewußte Prozeß der Angst vor dem Bösen und vor dem Tode und des Kampfes gegen beide mit eigenen tödlichen *Aggressionen* verschwistern kann, zeigt uns der Traum eines 25jährigen, ebenfalls in strengem religiösen Autoritätsdenken befangenen Patienten:

»Ich stehe in einer Mansarde und blicke zum Dachfenster hinaus. Unerwartet hat sich ein gewaltiger Rabe auf das Fenstersims gesetzt. Ich blicke ihm in die Augen — dann nur noch in sein linkes Auge. Wie tief geht es da hinein! Das Auge starrt mich aus einer abgründigen Höhle an. Unten auf der Straße geht gerade ein Mädchen vorüber, auf das ein Kollege, der jetzt neben mir steht, hinweist, wobei er lustig pfeift. Das Mädchen geht auf ein großes Balkengestell zu, das mitten auf der Wiese vor dem Hause errichtet ist. Die dicken, grauschwarzen Balken sind im Kreis aufgestellt und berühren sich mit ihren Spitzen. Nun steht das Mädchen oben, es zieht seinen schwarzen Pullover aus und steht überlebensgroß vor dem Himmel. Plötzlich tun die Spitzen sich auseinander, und das Mädchen versinkt in dem Gerüst.«

Könnte man denn nicht auch pfeifen, winken, rufen, sich treffen? Oh nein. Dazu hat man einen zu tiefen Blick getan in das linke Auge des Raben, ist überschauert worden vom warnenden Grauen aus dem Todeswissen des schwarzen Aasvogels. Die lockende junge Gestalt, die einen verstricken will in das heillose Karma der Vergänglichkeit — sie muß vernichtet, ja mit der unbarmherzigen Wut einer grausamen Strafe vom Erdboden vertilgt werden. Besteigt sie nicht selbst schon das Todesgerüst, auf dem sie sich nochmals in schamloser Nacktheit vor ihrem Untergang herausfordernd entblößt? Nicht einmal Flammen lodern auf — ein lautloses Begrabenwerden zeigt ihren Untergang in Verdammnis an.

Hier wird die therapeutische Befragung des Traumes zu ergründen haben, was mit dem Blick des Raben wohl eigentlich gemeint war. Warum flog der Vogel des göttlichen Odin, des weisesten unter den alten Göttern, zu dir her und ließ dich erzittern? Nein, auf ein schnell fertiges Rendez-vous, wie der Kollege es im Sinn zu haben scheint, kommt es wohl nicht an; dazu hätte es des Raben und der wunderbaren Höhle seines Auges nicht bedurft. Sollte aber vielleicht Siegfried-Kraft in dir erweckt werden, Antwortkraft, Erlösungs- und Befreiungskraft? Stellt vielleicht die junge Gestalt, die im flammenlosen Scheiterhaufen versinkt, ein Bild deiner eigenen Seele dar?

Nur andeutungsweise läßt sich aufzeigen, wie das therapeutische Gespräch zu »spielen«, die Szenen probeweise zu changieren hat. Es läßt Möglichkeiten aufleuchten, die in der Heilungsintention verborgen, von Angst und Lebensabwehr überdeckt, dem Therapeuten aber doch spürbar werden. Im mythischen Symbol liegen Tod und Leben verschränkt, da es ja das menschliche In-der-Welt-Sein in dichtester Kontraktion faßt und spiegelt. Wo es in der therapeutischen Dualität befreit, »ausgelegt« wird, kann es ihm vielleicht gelingen, den Lebensgeist in der Puppenstarre des zwanghaft Gebundenen zur Regung zu bringen. Aber unentbehrlich bleibt dabei die bewußte Auseinandersetzung mit der versteckten Aggression, die sich der erstaunlichsten Tarnungen und Schleichwege bedient.

Seltsam und bestürzend mutet der Traum einer etwa 40-jährigen Frau an, deren Zwangsneurose von schwer depressiver Gestimmtheit unterströmt ist.

»Vor mir liegt ein altes Buch, aufgeschlagen beim Anfang des Johannes-Evangeliums. Die ersten Worte lauten: ›Wer bin ich?‹ Ich lese die altertümlich gedruckte Schrift und denke voll verwirrter Entrüstung: ›Auch das ist also egoistisch, sogar die Bibel weist also auf eine Beschäftigung hin, die sich nur auf das eigene Ich bezieht . . .‹ Dann sehe ich aus dem Fenster meines Schlafzimmers in den Garten hinunter. Der Himmel ist verdüstert. Im Südwesten steht eine schwarze Wolkenwand, im Osten bewegen sich gelbliche Schleier. Ein starker warmer Wind fährt durch die Bäume. Obwohl es Januar ist, blühen im Rosengarten noch rote und gelbe Rosen. Alles ist unheimlich, wie vor einer Katastrophe. Daß Ende Januar noch Rosen blühen, ist völlig unnatürlich und war noch nie da. Das kommt sicher von den Atomversuchen. Es könnte die Warnung sein vor einer Weltkatastrophe, wie sie in der Apokalypse ausgemalt ist. Dennoch gehe ich hinunter, um noch einige Rosen zu schneiden. Sie haben etwas Vollkommenes, selbst wenn sie verblühen und im Sturm entblättern.«

Man möchte meinen, in einem solchen Traum habe wirklich der »Diabolos«, der Verwirrer und Durcheinanderwerfer menschlicher Erkenntnis die Hand im Spiel. Aber er kann die großartige, verborgene Aussage doch nicht auslöschen. Dafür hat die *Meditation* des Traumes zu sorgen.

Die Urfrage der menschlichen Identität wird vom Traum an den Anfang des Johannes-Evangeliums gesetzt. Man möchte sagen: Da steht sie ja auch — wenigstens für den, der diese geheimnisvollen Worte in ihrer wunderbaren Transparenz zu erfassen vermag. Aber das, was die fruchtbare, die existentielle Unruhe in Bewegung setzen könnte, die Urfrage des ersten Menschen, der seinem Sein und seinem Ursprung gegenübertrat: Wer bin ich?, sie wird von der

Träumerin abgeschoben. Ganz stupide wird sie verdrängt und verdreht von einem anerzogenen pietistisch-moralistischen Kleinmädchentum. Man darf sich doch nicht mit sich selbst beschäftigen, das ist böse. So lehrte es uns der Pfarrer im Konfirmandenunterricht.

Sargt die Patientin sich hier nicht selber ein und mit sich die frohe Botschaft und alles Strahlende in der Welt? Übrig bleibt ein lustlos-öder Pietismus der Bravheit und der erlernten geistlichen Manieren. Übrig bleiben die Exerzitien des Konfirmandenunterrichts (der in diesem Fall die Freudlosigkeit selbst gewesen war).

Nach diesem ersten Eindruck, den der Therapeut nur ganz sparsam und fragend zu Worte kommen lassen wird, muß aber auch die andere, die gegenläufige Perspektive dieses Traumstücks bedacht werden. Liegt nicht vielleicht in der so scheinheiligen Abwehr der Wer-bin-ich-Frage auch die Abwehr gegen eine sehr realistische Erkenntnis, die Erkenntnis jener unbewußten Tendenzen, die alles andere als brav und moralisch sind? Eine Reihe von vorhergehenden Träumen hatten die Patientin verärgert dadurch, daß sie schwere Impulse der Aggression und des sexuellen Ausbrechens aus ihrer gesellschaftlichen Stellung ins Bild gebracht hatten. Und nun schiebt sie ganz einfach die Türe zum Unbewußten zu. Sie hat genug, sie mag nicht mehr hinsehen. Und zu diesem Behuf muß selbst das Evangelium, muß selbst die johanneische Mystik von ihr entwertet und verdächtigt werden als eine Verführung zu arger Ichbezogenheit. So raffiniert kann der Traum arbeiten! Oder, besser gesagt, so raffiniert entgeht auch als Träumender der Mensch sich selbst. Die Wer-bin-ich-Frage, sie kann ja in der Tat nicht fruchtbar werden ohne die Auseinandersetzung mit dem Schatten!

Und doch, der Mensch entgeht sich nicht! Im Rosengarten kommt die »diabolische« Verkehrung aller Dinge zum drastischen Austrag, und hier wird sie auch entschlüsselt.

Hier macht sie sich unheimlich bemerkbar in der Widernatürlichkeit der Vorgänge, deren Ursache den unterirdischen Atomexplosionen zur Last gelegt wird, im Anmarsch der schwarzen Sturmwand, in der unnatürlichen Rosenblüte im Januar. Sollten das Vorzeichen des Weltuntergangs sein, wie die Apokalypse des Johannes (!) sie voraussagt? Ja — jedoch eines »Weltuntergangs« in ihr, der Träumerin selbst!

Und nun macht sie sich auf, um Rosen zu schneiden, sie vor dem Sturm zu retten, Rosen, von deren Schönheit selbst im Verblühen (wer dächte nicht an Fr. Hebbels Gedicht!) sie tief berührt wird. Das gibt Hoffnung, läßt Hoffnung als zuletzt doch noch siegreiches Element aus dem Kampf der widersprechenden Tendenzen dieses komplizierten Traumes durchschimmern: als ein Dennoch, als ein Offenwerden für die große Schönheit, in die alles Leben und mit ihm der schuld- und todverfallene Mensch eingebunden ist.

Das Verarbeiten der Einsichten und Wandlungsvorgänge, die ein solcher Traum auslöst, im therapeutischen Gespräch erfordert Stunden. »Ich wollte den christlichen Weg gehen«, äußert die Patientin, die sich viel mit östlicher Philosophie beschäftigt hat, »aber im Traum scheine ich doch daran zu zweifeln.« — Was heißt: Der christliche Weg? Ist das nicht eine Frage, die ungezählte Generationen einander ungelöst und doch zu immer weiterer Bemühung weiterreichen?

4. Reifung zur Wirklichkeit
Heilungsansatz des Bemächtigers

Ein junger Musiker trägt eine Sonate von Beethoven vor. Er trägt sie so vor, als stamme sie von ihm selbst und nicht vom Komponisten. Man soll ihn, den Vortragenden, hören, sein Können, seine Aufschwünge, seine Schmerzen; sein persönliches Erleben dieses Stückes soll sich mitteilen. — Subjektive Gestaltung ist unerläßlich bei der lebendigen Wiedergabe eines künstlerischen Werkes. Aber hier dient das Objektive des Werkes nur noch als Material, als Sockel der Selbstdarstellung. Unter die Gesetze der objektiven Formung mag dieser junge Musiker sich nicht unterordnen. Sie mag er nicht herausarbeiten, um sich ihnen dienend hinzugeben. Aber eben deshalb ist er auch abhängig, abhängig von jeder Stimmung sowohl der Außenwelt als auch des eigenen gerade vorwaltenden Empfindens. Ein Ärger, ein leichter Halsschmerz — und schon kann er sich nicht mehr produzieren. Seine Störbarkeit wird immer größer, denn er wurzelt im flachen Gelände des Beifalls (des Beifalls von außen und innen), nicht aber im tiefen Ackerboden der Werkschöpfung. Und deshalb ist er auch unterschwelliger Angst ausgeliefert. Deutlich sagt ihm eine leise innere Stimme, daß er sich gefährlich von der Wahrheit und der Arbeit echten Künstlertums entfernt. Diese Stimme überhört er, und er überhört sie konsequent. Eines Morgens aber erwacht er mit muskulären Lähmungserscheinungen im Arm, deren Ursache kein Arzt eruieren kann. Das Dilemma zwischen Ehrgeiz und innerer Stimme löst sich, aber es löst sich zugunsten seiner Neurose. Wegen der Lähmungserscheinungen im Arm kann er bald nicht mehr auftreten. Er muß seine Laufbahn als Pianist aufgeben. Und fortan ist er ein »tragischer Mensch«, »unendlich bedauernswert«. (In Wirklichkeit bedauert man ihn wenig und geht ziemlich rasch über ihn hinweg.)

In den Fällen, in denen kein somatisches Symptom die »Schuld« übernimmt, das Prestige des Betreffenden aber spürbar nachläßt, wird er uns mit Verachtung darüber belehren, wie schlecht der Geschmack des Publikums leider geworden sei, so daß ein einmaliger Künstler wie er keine Attraktion mehr ausübe, keinen Saal mehr fülle.

Das Unbewußte enthält freilich unsere Wünsche, ja unsere unmöglichsten Wünsche; aus ihm aber spricht auch die Stimme der Wahrheit. *Immer tut Unterscheidung not.*

Was wir am Beispiel des jungen Pianisten zeigen wollen, ist das Modell der bemächtigenden Grundhaltung menschlichen In-der-Welt-Seins. Dieselbe tiefenpsychologische Struktur finden wir in allen sozialen Umwelten und Einkleidungen, bei den verschiedensten Formen seelischer Veranlagung und geistiger Differenzierung und gegebenenfalls in ganz verschiedenen somatischen Verbalisierungen. Wo einmal in sehr früher Kindheit die entscheidende und folgenschwere »Weichenstellung« erfolgte, versuchten wir zu zeigen: sie erfolgte in jenen dunklen Phasen der Urangst des schon anspruchlich gewordenen Kindes vor dem Verlassenwerden, dem Nicht-mehr-geliebt-Werden, vor dem Verlust der bergenden Aufmerksamkeit. Früh verstand das Kind es ja, sich dieser Aufmerksamkeit zu bemächtigen durch das, was den maßgeblichen Erwachsenen imponierte, sei es durch die Leistungen, die es erbrachte, sei es durch die Schwierigkeiten und Sorgen, die es bereitete. Was aber das Kind eigentlich braucht, die tragende Atmosphäre des Vertrauens, daß stärker als alles Unheil in der Welt die schöpferische Kraft der Liebe ist, die dem Leben Sinn und Freude schenkt, die auch alle Mühe, Verzicht und Einsatz lohnend macht — die gerade erhält es nicht. Und deshalb ist der Einbruch der Urangst so gefährlich.

Unsere Fragestellung richtet sich nun auf den Heilungsvorgang der bemächtigenden Strukturen, den wir unter das Motto der Reifung zur Wirklichkeit gestellt haben. Die Behandlung eines Menschen, der seine Identität, sein Echt- und Eigentlichwerden durch unbewußte Bemächtigungshaltung verfehlt, verlangt vom Therapeuten viel Geduld und Unbestechlichkeit. Mit einer unheimlichen Vielfalt von Mitteln versucht der Leidende, dem Therapeuten zu imponieren, eine unechte Kommunikation herzustellen, die ihm, dem Patienten, eine Bundesgenossenschaft des Therapeuten sichern, seiner Anspruchshaltung recht geben und die Wahrheitsstimme zum Schweigen bringen würde. Allerdings handelt es sich in der Therapie um Solidarität, um eine Solidarität im Menschsein, in dem jeder seinen eigenen Auftrag hat. Der hysterische Patient aber funktioniert die therapeutische Gemeinschaft um zu einer *unio*, die ihn bestätigen, die ihm die Ausnahmegesetze, die er beansprucht, sanktionieren soll.

In sehr verschiedenartige Masken und Rollen kleidet der bestechende Zugriff sich ein. Sie reichen vom »genialen Rebellen«, der doch nur in der Anklage groß ist, sich maßlos überschätzt und nichts Echtes schaffen kann, bis zu dem »bedeutenden Schweiger«, vor dem jedermann zu erschauern hat.

Immer ist es der innere Konflikt zwischen der leisen tiefen Wahrheitsstimme, dem Indikator der Identität, und den verzweifelten Manövern der *Schein-Identität*, der den Hysteriker in seine Krise getrieben hat. Vorgewiesen und anschaulich gemacht aber wird dem Therapeuten dieser innere Konflikt als ein Versagen der Welt, als die Blindheit aller anderen, die es eben durchaus haben fehlen lassen an Verständnis, an der groß empfindenden Sympathie, um meiner doch wohl mit Recht so anspruchsvollen Seinsweise den begünstigenden Raum zu verschaffen.

Diesen erhofft er sich nun in der Therapie — erhofft ihn und erhofft ihn *nicht*. Denn im tiefsten Inneren »weiß« er ja genau, daß seine Rechnung nicht stimmt. Und doch, sie »muß« stimmen, die Logik des Lebens »muß« nun einmal für ihn umgekrempelt werden. — Unter Formen von Religiosität kann sich das gefährliche Motiv verstecken: wie du, mein Gott, ja immer mißverstanden wurdest von den Menschen, so mißverstehen sie auch mich.

Darf der Therapeut sich darauf verlassen, daß der Hysteriker »weiß« — daß er »weiß«, obwohl er nicht wissen will? Nicht er, der Therapeut, muß seinen hysterischen Patienten überzeugen, so viele analytische Deutungen und erhellende Gespräche auch hier notwendig sind. Aber sie wären in den Wind geschlagen, wenn nicht die einmal sehr früh, sehr brutal verschüttete und fehlgeleitete Reifungsintention doch unter der eingefleischten Fehlinterpretation noch immer unzerstört lebendig wäre. Wenn dem *nicht* so wäre, dann hätte unser Bemächtiger gar nicht in seine Lebenskrise geraten können.

Bei der Durcharbeitung der Lebensgeschichte, der aktuellen Problematik, der Beziehung zu den Mitmenschen und der Entwürfe auf Zukunft wird nun immer wieder die Frage gestellt: Um was ging es, um was geht es also im Grunde dabei? Es ging um Vermeidung von Schwierigkeiten, Mühsal, Schweiß und Kampf. Es ging um die Erringung des größten Effektes mit den geringsten Mitteln. Der Sieg über ein Du war um des eigenen Triumphes willen wichtiger als das Recht und die Wirklichkeit dieses Du selbst. Die Suggestion von Auserwähltheit und Besonderheit sollte stets die Wege ebnen.

Mit virtuoser Geschicklichkeit versteht es der Patient, sich jeweils um die entscheidende Einsicht zu bringen, versteht er es, den Dingen den Aspekt zu geben, der seinem Lebenskonzept schmeichelt und der jeweils der Mitwelt das Fiasko zur Last legt. (Und in der Tat, es ist für einen Menschen nicht einfach, etwa zu begreifen und zuzugeben: ich sehe es ein, mein ganzes Leben lang habe ich meine jüngeren Geschwister unterdrückt.)

Nichts sollte dem Therapeuten ferner liegen, als mit ethischer Bewertung einen Druck auf den Prozeß auszuüben, in dem der Patient sich mit den widersprechenden Tendenzen seines Inneren auseinandersetzt. Aber ebensowenig darf er, auch wenn der Patient ihn mit allen Mitteln dazu gewinnen will, abweichen von der unbestechlichen

Frage nach der Wahrhaftigkeit der Erkenntnis, die gewonnen werden muß, nach der Selbsterkenntnis, ohne die kein Heilungsvorgang möglich ist. — Eine Therapie stellt eben kein Manöver dar. Sie ist Ernstfall. Die ungeschriebenen Gesetze der Menschlichkeit sind es, um die es in diesem Ernstfall geht.

Bei der Durchleuchtung der Übertragungshaltungen in ihren unbewußten Tendenzen erweist sich die Ausweichtaktik des Patienten am hartnäckigsten.

»Nun bin ich schon ein ganzes Jahr bei Ihnen in Behandlung und noch immer können Sie mich nicht verstehen. Wie wäre das möglich, wenn Sie ein guter Therapeut wären?« Solche Worte muß der Therapeut ebenso sachlich und unerschrocken aufnehmen können wie etwa die folgenden:

»Von Ihnen gehen Kräfte aus, die mich bezaubern, begeistern, in eine höhere Sphäre versetzen, in der ich mich so beschwingt fühle. Sie sind der Retter, nach dem ich lebenslänglich umsonst gesucht habe.«

In beiden Fällen hat der Therapeut sich zu fragen, woran es liegen mag, daß es zu solchen Extremen der Übertragung kommen kann. Denn mit jedem Patienten treten ja stets neue spezifische Aufgaben an den Therapeuten heran, und es gibt kein Lehrbuch, in dessen Tausenden von Paragraphen einer die »richtige« Einstellung diesem individuellen Menschen gegenüber enthielte. Kein Lehrbuch — außer dem Leben selbst!

Auf Unfehlbarkeit erhebt der Therapeut grundsätzlich keinen Anspruch. So wird er vielleicht im ersten Fall antworten: »Möglich, daß ich Sie mißverstanden habe; dann erklären Sie mir bitte diese Situation nochmals. Wir müssen weiterarbeiten.« Im anderen Fall mag er etwa sagen: »Mir scheint, Sie wollen mir eine Funktion zuschieben, die mir gar nicht zukommt. Ich bin nicht Ihr Retter, aber vielleicht kann ich Ihnen helfen, sich selbst zu retten.«

Grundsätzlich kommt es darauf an, durch die Analyse der Übertragungsemotion, sowohl der negativen als auch der positiven, den Patienten die unbewußte Bemächtigungshaltung erkennen und erleben zu lassen, die er nicht nur dem Therapeuten, sondern dem Leben gegenüber ausspielt. Handelt es sich doch in beiden Fällen um den tief unbewußten Widerstand gegen die Heilung. »Nicht dadurch, daß Sie über mich zu siegen meinen und mich als untauglich hinstellen, kommen Sie einen Schritt aus Ihrer Neurose heraus; könnte Ihnen aber nicht die Frage aufdämmern, ob dies die Taktik ist, die Sie überhaupt in jeder kritischen Situation Ihres Lebens angewendet haben, nämlich den Partner, der Ihnen zu schwierig wird, abzuwerten und dadurch eine geheime Selbsterhöhung zu genießen? Sind Sie nicht gerade auf diese Weise in die Sackgasse geraten, aus der Sie ja doch heraus wollen?«

Oder, im anderen Fall: »Könnte es sein, daß Sie durch solche Äußerungen meine Sympathie und meine Liebe gewinnen wollen, in einem Maß, das unsere gemeinsame Aufgabe einnebelt? Vielleicht entdecken Sie in diesem Augenblick, daß es eine sanfte Vergewaltigung gibt, die Sie ganz unwillkürlich wieder und wieder in Ihrem Leben ausgeübt haben, um die Mühe eines ehrlichen Kampfes zu vermeiden, womit Sie vielleicht Ihrem Partner seine eigenste Freiheit und Aktionsfähigkeit geraubt haben.«

Selbstverständlich benutzt der Patient auch seine Träume zu dem Versuch, sich selbst zu bestätigen, oft genug in einem raffinierten Spiel mit großen Symbolen. Denn von allen ungeschützten Unterfangen ist die Deutung der Träume das ungeschützteste. Der Therapeut überblickt die Gefährdung seines Patienten, aber er weiß auch, daß er trotz allem an die Wirklichkeit heranreifen will. *Und diese Intention bildet den Kompaß.*

Selten sind Träume so durchsichtig wie der folgende, in

dem der Träumer, ein 26jähriger Medizinstudent, seine innere Situation exemplarisch darstellt.

»In einem Krankenhaus steige ich in den falschen Lift. Der Lift ist unabstellbar. Ich habe ihn falsch programmiert. Am Schaltbrett kenne ich mich nicht aus und hantiere wirkungslos daran herum. Der Sprechkontakt ist unverständlich. Der Lift scheint tatsächlich unabstellbar, einen Nothalt gibt es nicht. Schnell geht es Stockwerk um Stockwerk, Hunderte von Stockwerken hinauf. Durch die Glastür sehe ich die vorbeiziehenden Räume, schon bin ich über dem Dach, schon sehe ich die Kirchtürme der Stadt. Was passiert nun? Wo stößt die Kabine an? Wann werden die Seile reißen?«

Bei einem Traumbild wie diesem bedarf es keiner Interpretation. Könnte doch das Modell der hysterischen Neurose, der Überflügelung und Bemächtigung, der Gefangenschaft und des Kontaktverlustes in einsamer Selbsterhebung, in Angst vor dem Absturz nicht deutlicher zusammengefaßt sein. Die Einsicht des Träumers in diesem Fall: ich habe den Lift falsch programmiert, zeigt uns aber an, daß bereits heilende Selbsterkenntnis im Anbruch ist. So fehlt ja auch die Komponente des Applauses.

Derselbe junge Mann pflegte von Zeit zu Zeit zu träumen, daß er fliegen könne. Schwierigen Lagen entzog er sich durch elegantes Aufsteigen in die Luft, vollbrachte durch diese Fähigkeit verblüffende Taten, enthüllte Verbrechen, entzog sich Verfolgern und errang die Prinzessin, um die die plumpen Männer sich stritten. Am Ende eines solchen Flugtraumes ging es darum, vor einer Menschenschar, die bewundernd zu ihm emporblickte, mit gekonntem Niedergleiten in einen Hof aufzusetzen. Bevor er zum Landen ansetzt, betet der Träumer zu Gott (!), daß er ihn das fabelhafte Kunststück gelingen lassen möge – und siehe da, es gelingt glänzend nach Wunsch, und alle huldigen ihm.

Die trockene Bemerkung: »Zu Gott beteten Sie?« macht den Erzähler stutzig, und etwas verwirrt fügt er das letzte Stück des Traumes an, darin bestehend, daß ein böser Zwerg seine sämtlichen Manuskripte, einen Besitz, auf den er den größten Wert legt, unter Wasser gesetzt habe, und zwar just während seiner so eindrucksvollen Landung. Man kann nicht umhin, dieses drastisch enttäuschende Ende des Traumes als die etwas boshafte Antwort des im Gebet angerufenen Gottes zu verstehen; er läßt zwar den Träumer nicht zu Fall kommen, aber er bringt ihn doch in die peinliche Verlegenheit, seine unter Wasser gesetzten Schriften mit Not noch zu retten, und sie neu zu entziffern, was wohl symbolisch bedeutet, sich neu mit sich auseinanderzusetzen. Solche hintergründigen Sinnzusammenhänge des Traumes begreift der Träumer prima facie nicht; denn er sieht sie einfach nicht. Und keineswegs wird der im unbewußten Ausdrucksgeschehen Erfahrene sie ihm etwa auf rationale Weise zugänglich machen wie in einer Art Unterricht. Aber es gibt die Methode eines zwanglos weckenden Fragens, wodurch wie von selbst dem Traumautor die Augen und Ohren für die Zeichensprache des ihm zunächst verborgenen, oft so eigenwilligen Traumsinnes aufgehen.

»Menschheitlich bewegt« zu sein, gehört wohl zum Wesen hysterischer Strukturen, sofern sie sich auf höherer Bewußtseinsstufe etablieren; aber sehr unterschiedlich entfaltet sich die psychische Reaktion auf dies Bewegtsein. Dem hybriden Geltungsanspruch steht auf der anderen Seite gegenüber jener resignierte, im Grunde aber doch so ganz von der eigenen Überlegenheit durchfärbte Rückzug in einsames Unverstandensein.

Eine junge Frau, die als Lehrerin in einem Elendsviertel tätig gewesen war, es dann aber aufgegeben hatte, äußert sich:

»Wenn ich die Familien dieser Kinder besuchte, wenn ich die grenzenlose Torheit und Verlogenheit, die Trägheit und Brutalität dieser Menschen wieder einmal erlebt hatte, und ich hatte sie ja fast täglich zu erleben, dann konnte ich abends beim Insbettgehen gar nichts anderes, als laut vor Verzweiflung zu weinen. Ich sah es ja kraß vor mir, daß nichts zu machen war, daß weder soziale Maßnahmen noch Revolutionen dies abgründige Unheil bessern konnten. Ja, sie meinten es wohl gut, sowohl die karitativ Bemühten als auch die zornigen Revoluzzer, die die Gesellschaft ummodeln zu wollen vorgaben; aber das grenzenlos Törichte und Nebulose solchen Vorhabens begriffen sie nicht. Denn die Menschen *selbst* wären ja nicht verändert worden. Der Beruf zehrte mich dermaßen auf, daß meine Kräfte versagten und ich ausscheiden mußte. Merkte ich doch, daß ich nichts half und daß nichts zu helfen war.«

Wir dürfen der Patientin aufs Wort glauben. Doch ihre Darstellung und besonders ihre letzte Bemerkung macht uns nachdenklich. Wahrlich, wir verargen es ihr nicht, daß sie in der Konfrontation mit der massierten menschlichen Unzulänglichkeit verzweifelt aufweinen konnte. Und doch hören wir darin auch den Klang einer gleichsam auf den negativen Pol umgeschlagenen bemächtigenden Unbewußtheit. Daß alles so entsetzlich ist, das macht mich krank, das kränkt mich. Müßte sich nicht eigentlich Chaos in Kosmos verwandeln, wo ich hintrete? Aber die Leute lachen ja höchstens, und alles bleibt wie es ist. Deshalb kann ich nur sterben vor solcher Vergeblichkeit.

Weint unsere Patientin eigentlich aus Mitleid mit den Elenden oder aus Mitleid mit sich selbst? Was sie nicht kann, ist das zuversichtliche Standhalten an ihrem kleinen Platz, das begrenzte Tun und Schaffen auf Hoffnung hin, auch wenn es noch so undankbar scheint.

Ein Traum beleuchtet diese Frage. Es ist der Traum von der kranken Orchidee. Eingekleidet ist er in eine Art von Rahmenhandlung, in der die Patientin sich in der Therapiestunde träumt und ihre häufig in Träumen auftretende »Traumschwester« in sie dringt, doch endlich den vergessenen und doch nicht vergessenen Traum von der kranken Orchidee zur Sprache zu bringen, woraufhin sie endlich wie schuldbewußt und halb widerwillig den Traum zum besten gibt. Es handelt sich also um einen Traum im Traum.

»Ich bin eine kranke Orchidee, die noch ein Kind ist, die nirgends recht hingehört. Ihr größter Tort liegt darin, daß die anderen Pflanzen sie, die Orchidee, nicht verstehen — wohingegen sie, die Orchidee, alle anderen Pflanzen sofort und allzuschnell durchschaut.«

Nach dieser Preisgabe verläßt die »Traumschwester« offenbar befriedigt den Raum.

Die Rahmenhandlung zeigt uns an, daß dieses Traumgeständnis offenbar besonders schwierig herauszubringen war, und ebenso, daß es sich um eine zentrale und sehr tief im Unbewußten verborgen gehaltene Identitätsproblematik dabei handelt. Ich bin eine kranke Orchidee — alle die Wiesenblumen um mich herum können meine besondere Kostbarkeit und zarte Erlesenheit natürlich gar nicht ermessen. Ich selbst aber habe die unselige Bevorzugung, jedes von diesen Gewächsen im ersten Augenblick zu durchschauen. Eben dadurch stehe ich einsam da, ein wenig gelangweilt in meiner Besonderheit, krank durch all das gewöhnliche, das plump vitale, ach so leicht auf einen Nenner zu bringende Leben. Selbst aber bin ich in meiner komplizierten Kostbarkeit wie ein Kind, so unberührbar, fremd und rein.

Ein fundamentales Existenzgefühl bringt sich hier klar ins Bild, und es wundert uns auch nicht, daß es, wie die Rahmenhandlung zeigt, einer gewissen dringlichen Energie bedurfte, den Traum von diesem »vergessenen« Traum auf den Tisch des Hauses zu legen.

Ein Moralist würde etwa zu der Träumerin sagen: Sehen Sie, da zeigt sich endlich Ihr ganzer Hochmut. Sie verachten die Butterblumen und die Margeriten, halten jedes anderen Menschen Sache für eine Sache des kleinen Einmaleins, sich selbst aber für eine Gleichung mit vielen Unbekannten. Ihre Dünkelhaftigkeit ist Ihr ganzes Leiden.

Sie fühlen sich ja selber schuldig im Traum, daß Sie es nicht zugeben wollten.

Nein, auf diese Weise würden wir freilich völlig an dem möglichen Heilungswert des Traumes vorübergehen. Wir würden ihn zwar ethisch, nicht aber therapeutisch verstehen. Andererseits aber dürfen wir diese Traumaussage auch nicht einfach bestätigen, etwa in dem Sinn: Du armes Kind, du bist wirklich zu gut für diese ordinäre Welt; du kannst in ihr nur schön sein, wissen, leiden und sterben. (»Eine Frühvollendete«, wird der Pfarrer an deinem Grabe sagen.)

Wir nehmen den Traum zunächst einmal ruhig in uns auf, betrachten ihn nachdenklich und verbergen der Träumerin auch nicht das leise zwiespältige Gefühl, das er uns bereitet. Da sie uns diesen Traum ja deutlich contre cœur anvertraut hat, sind wir verpflichtet, sehr behutsam mit ihr an das Geheimnis ihrer Identität und ihrer geheimen Selbstinterpretation heranzutreten und es in der therapeutischen Gemeinschaft zu erwägen. — Ja, in dir sind besondere Gaben und Möglichkeiten angelegt. Aber warum ist die Orchidee wohl krank? Würde sie am Ende gesund werden, wenn sie den ästhetischen Unterschied und den Unterschied nach Linnés System nicht mehr verabsolutierte? Die Natur umfaßt ja alle ihre Geschöpfe, und auch in den anderen Pflanzen waltet das nämliche Wunder allen pflanzlichen Lebens, durch die Osmose der Zellen unter der Einwirkung des Lichtes Chlorophyll zu erzeugen. Und übrigens, Orchideen gibt es ja in manchen Arten auch hier auf unseren Bergwiesen. — Möglich, daß Sie dann die anderen Pflanzen nicht mehr so rapide »verstehen« und selbst unverstanden über sie wegblicken würden? Wie stimmt das zusammen damit, daß Sie jeden Abend vor Verzweiflung über die Menschen laut weinten? Ist es nicht so, daß wir angesichts aller Vergeblichkeit dennoch vertrauen dürfen auf das, was niemals vergeblich ist?

Einige Zeit später rückt ein neuer Traum die innere Entwicklung ins Licht.

»Ich gehe mit zwei Kindern, deren Eltern wohl weggelaufen waren, ohne an die Kinder zu denken, und will sie nach Hause bringen. Es ist spät abends, die Straßen sind verschneit. Ein Schneehaufen beunruhigt mich plötzlich rätselhaft, obwohl nichts Verdächtiges daran zu sehen ist. Ich kehre nochmals zurück und grabe den Schnee auf. Nun finde ich ein etwa einjähriges Baby, ganz still im Schnee eingefroren. Mit einem Schrei nehme ich es auf und erwärme es, bis es Lebenszeichen von sich gibt. Ich weiß, daß es das kleinste Kind dieser Familie ist, das wohl in der Abwesenheit der Eltern fortgekrochen sein muß. Nun sind wir bei der Wohnung der Leute angelangt und ich gebe die drei Kinder ab. Die junge Frau an der Tür scheint mir noch geist- und lebloser, als ich vermutet hatte. Konfus aufgeregt, aber ohne jede wirkliche Erschütterung, nimmt sie das Baby entgegen. Hinter ihr taucht auch der Ehemann auf, unwillig, geniert und unbeteiligt. Ich fühle mich angeekelt und bin plötzlich grenzenlos müde. Mit diesem indolenten Leuten kann ich kein Wort sprechen. Ich sehe sie nur traurig an und gehe hilflos vor Elend weg.«

Der erste Einfall der Träumerin scheint gar nicht zur Sache zu gehören. »Der Schneehaufen erinnert mich an das Grab meines kleinen Brüderchens, das mit einem Jahr starb, als ich selber fünf Jahre alt war.« Aufs tiefste verunsichert hatte sich damals, so erfahren wir, das Weltvertrauen, die spontane Lebensfreude und das unbefangene Selbstwertgefühl der Patientin. Sie hatte damals von ihren Eltern keinerlei seelische Hilfe erhalten. Mit Intelligenz und Begabung bewältigte sie zwar alle Aufgaben spielend, aber die frühe Verwundung legt sich als Mehltau auf alles unmittelbare Gefühl, hält es im Keim zurück. Die Struktur des stillen, des passiven Bemächtigers bildet sich heran.

»Angeekelt« wendet die Träumerin von den blöden Eltern des Traumes sich ab; nicht nimmt sie eifrig die Hand der Frau, um sie aufzuwecken für die bestürzende Tatsache des Babyfundes im Schneehaufen; nicht ruft sie den

Mann auf, er solle doch Stellung nehmen zu dem Ereignis. Allzu schnell hat die kranke Orchidee diesen hoffnungslosen Fall schon wieder durchschaut, selbst undurchschaubar in ihrem Leid.

Zweifellos »ist« die Träumerin auch selbst das eingefrorene Kind im Schneehaufen. Aber — sie gräbt es auch aus! Weiter kann sie sich zunächst noch nicht einsetzen. Der »Stumpfsinn« der jungen Eltern spiegelt freilich die Gemütsarmut ihrer eigenen Eltern. Er spiegelt aber auch ihre eigene in ihrer Neurose etablierte Unfähigkeit, (deren traumatische Wurzel im früh erlebten Tod des Brüderchens liegen mag,) das Werdende in sich selbst, die zukunftsträchtige Potenz ihres eigenen Wesens so mutig wie demütig zu übernehmen. — Eben darin aber bestünden die ungeschriebenen Direktiven ihres Heilungsweges.

In den Träumen der Patientin klingt wiederholt ein tiefsinniges Motiv an. Es ist das *Motiv der Dioskuren*, der beiden Heroenbrüder des griechischen Mythos. So findet sie sich in einem Traum auf dem Forum in Rom, an einem bestimmten Platz, wo früher der Tempel der Dioskuren stand und die Quelle der Juturna floß. Jetzt freilich sind nur noch die Wurzelstrünke zweier Schirmakazien vorhanden, aber sie hat das sichere Gefühl, im heiligen Tempelbereich der Dioskuren zu stehen.

Was hat es mit dem Mythos der Dioskuren auf sich? Der eine der beiden Brüder ist Sohn eines sterblichen Vaters und darum sterblich, der andere aber, als Sohn des Zeus, ist unsterblich. Im Kampf tödlich verwundet, muß Kastor, der Sterbliche, in die Unterwelt hinuntersteigen. Der unsterbliche Bruder aber, Polydeukes, dem ewiges Leben im Licht, bei den Göttern des Olymp zuteil ist, bittet Zeus unter Tränen, mit seinem Bruder vereint bleiben zu dürfen. Zeus läßt seinem Sohn selbst die Wahl; und so bestimmt die Liebe der Brüder Zeus zu dem Ratschluß, daß die beiden von nun an gemeinsam in täglichem Wechsel einen

Tag im düsteren Reich der Schatten, den anderen Tag aber in den goldenen Hallen des Olymp mit den seligen Göttern verbringen sollen.

Liegt in diesem Mythos nicht ein Sinnbild menschlichen Seins in seiner Gegensatzspannung und in seiner Identität? Tod und Sterblichkeit gilt es anzunehmen und zu bejahen, um am goldenen Licht des göttlichen Lebens Teilhabe zu gewinnen. Die Liebe der Brüder aber war es, die diese wunderbare Verbindung in den Intervallen von Licht und Dunkelheit erreicht hatte.

Spricht der Apostel Johannes im Grunde anderes, wenn er sagt, wer die Brüder liebe, der sei vom Tode zum Leben hindurchgedrungen? Spricht Paulus anderes mit seinen Worten: »Es wird gesät verweslich und wird auferstehen unverweslich.«?

Der Mythos von den göttlichen Zwillingen, den Rossebändigern und Bändigern der Meereswogen, den Helfern in Kampf und Schlacht, ist auch in anderen Formen im indogermanischen Mythenkreis vertreten. In Seenot stehen die Dioskuren den Schiffern, die sie anrufen, zur Seite; auf dem weißen Gischt der sturmgepeitschten Wogen brausen sie herbei, um Sturm und Gewitter zu bändigen und das Schiff zu retten. Als Sterne am nächtlichen Himmel werden sie verehrt, da der Sage zufolge nach einer siegreichen Schlacht zwei Sterne über ihren Häuptern am Himmel erglühten. Andere Auslegungen sehen das Doppellos der Dioskuren verbildlicht in ihrem wechselnden Erscheinen als Abend- und als Morgenstern, vor dem Untergang und vor dem Aufgang der Sonne.

V. Gesellschaft und Neurose

Das paradoxe Niemandsein und das schwermütige Hadern, das erbitterte Rechten und die Formen der Bemächtigung — finden wir nicht jede dieser psychologischen Strukturen in der kollektiven Dramatik unserer Gesellschaft widergespiegelt? Spiegelt sich nicht in deren Spannungen und Kämpfen, ihren Aggressionen und Verdrängungen, aber auch in ihrem Suchen nach neuen Wegen das, was auch die Einzelseele in ihrer mühevollen Selbstfindung, in ihrem Unglücklichsein und in ihrer heilenden Auseinandersetzung mit sich selbst, in ihrer »Arbeit« durchmacht?

Wenn heute gesagt wird, daß die Neurose ein Politikum ersten Ranges darstelle, so vergessen wir nicht, daß dies für frühere Epochen der Kulturgeschichte wohl ebenso gilt, nur im zeitgemäß veränderten Gewand, in dem die Neurose sich damals darstellte. Aber die Kombinationen und jeweils vorherrschenden Aspekte dieses so ungemein komplexen Gebildes Neurose wandeln sich im Lauf der Geschichte natürlicherweise mit den Veränderungen des Menschen und seiner Bewußtseinsstruktur, wandeln sich mit der Selbstinterpretation einer Gesellschaft. Angst- und Wahnsinnsepidemien, psychische Inflationen, religiöse Psychosen (man denke nur an die Hexenverfolgungen, die Ketzergerichte, die Inquisition, an die Scheiterhaufen, die bis in die beginnende Neuzeit brannten) kennzeichnen in ständigem Wechsel die kulturellen Epochen, deren Werte sie umdüstern, um andrerseits aber auch strahlender das hervortreten zu lassen, was die geistige Finsternis durchbrach und überwand.

a) Was unsere moderne Gesellschaft anbelangt, so liegen ihre neurotischen Dynamismen ebenso zutage wie sie auch im Untergrund arbeiten. Jede Struktur der einzelnen »Fälle«, die wir im Vorhergehenden andeutungsweise in Erscheinung treten ließen, repräsentierte ja ein »Humanfeld«, in dem seinerseits sich wieder kollektive Phänomene unserer Gesellschaft zusammenzogen. So stehen hinter dem *paradoxen Niemand*, dem schizoiden Einzelnen jene breiten Gruppen, in denen der Mensch ausschließlich »verbraucht«, nach seiner Leistung im vorweisbar Meßbaren gewertet wird, als individueller Mensch aber niemanden interessiert und deshalb innerer Vereinsamung und Verelendung ausgeliefert ist. Der faszinierende Fortschritts- und Erfolgsgeist, gekoppelt mit der Technisierung des Lebens, läßt die personalen Werte verkümmern und läßt deshalb im Einzelnen oft genug ein Verlorenheitsgefühl, das abgründige Gefühl der Sinnlosigkeit dieses blinden Vorwärtsstürzens, ja des Lebens überhaupt, aufkommen. Wo diese Mentalität der Einschätzung des Menschen als eines Instruments zum Gebrauch, eines Werkzeugs für das kollektive Prestige schon in die frühe seelische Umgebung eines Kindes eingedrungen ist, seine liebevolle und aufmerksame Annahme als einmaliges Geschöpf verhindert hat, da konnte es zu einem Wurzelfassen in der kreativen Kraft des Vertrauens gar nicht kommen, ohne welche menschliches Dasein sich doch nicht lebendig entfalten und auszeugen kann. Wo alles machbar ist, wird zuletzt auch der Mensch selbst machbar. Sprechen nicht die statistischen Zahlen der einsamen Suizide, besonders auch in jugendlichem Alter, über deren Motive kein Mensch wirklich Bescheid weiß, von einem Schwund der zwischenmenschlichen Kommunikation, des schlichten Offenseins von einem zum anderen, der *nicht* institutionalisierten Verantwortung von Nächstem zu Nächstem? Und dies in einer Gesellschaft, die doch andrerseits durch die Massenmedien mit Blitzeseile informiert wird über Unglück und Katastrophen in Nähe und Ferne bis in die entferntesten Gegenden der Welt. Und wer wollte auch abstreiten, daß unsere Gesellschaft über hilfs- und spendefreudige Kräfte in hohem Maße verfügt? Aber im Bereich der intimen Güte und des intimen Wohlwollens gebricht es. Der Hausbesitzer, der soeben 100 DM überwiesen hat auf das Konto eines Hilfswerks für die Opfer des Erdbebens in Persien, kündigt auf dem Heimweg der über ihm hausenden Familie (Eltern berufstätig) die Wohnung, weil das Getrampel der Kinderfüße ihn bei der Mittagsruhe stört. Winziges, banales Exempel für diesen Ausfall des Elementes »Liebe«. In einer mit allen modernen Einrichtungen ausgestatteten Klinik trägt es sich beispielsweise zu, daß ein Debiler, der seit zwanzig Jahren »versorgt« ist, sich an einer Frucht verschluckt und zu ersticken droht. Mit beispielloser Präzision funktioniert der Apparat. Ärzte und Pfleger sind augenblicks zur Stelle, und bis zur Lungenspülung in einem anderen Krankenhaus, in das der Bedrohte in Minuten gebracht ist, klappt die Rettungsaktion. In der gleichen Klinik nimmt zur gleichen Zeit eine junge Schwester sich das Leben. Da sie gerade ihren freien Tag hat, wird sie erst am nächsten Tag aufgefunden. Kein Mensch kann auch nur die geringste Vermutung über die Gründe des Selbstmords äußern. Keiner hatte sich je um sie, die ja ihren Dienst tadellos verrichtete, gekümmert, keiner war durch einen merkwürdigen Ausdruck auf diesem Gesicht beunruhigt oder betroffen worden. Wo wir als anonyme Maschinenteile unsere Signale bekommen, da blitzen die genormten Reaktionen. Aber die freiwillige Aufmerksamkeit von Mensch zu Mensch, das Sehen und Hören, das nicht am Leistungsausweis hängen bleibt, die spontane Zeit des Herzens für das Du, die nicht von der Uhr verboten werden kann, die nicht nach den »Umständen« fragt, die man sich lästigerweise auflädt, wenn man sich freiwillig um einen Mitmenschen »kümmert« — wohin sind sie in unserer sozial so hochorganisierten Gesellschaft verschwunden? Hunderte von Autos flitzen vorüber an dem im Straßengraben Verendenden. Ach, es könnte ja bloß eine Finte dahinterstecken, wer weiß, in was ich verwickelt würde, vielleicht lauert ein Überfall... und außerdem haben wir Eile, immer haben wir Eile. Wir haben Eile, noch rechtzeitig zur Öffnung der Börse — oder zum feierlichen Hochamt in der benachbarten Stadt zu kommen, das der Bischof selber hält, auf jeden Fall noch zur »Wandlung«...

b) Ob »die Gesellschaft« für die Neurose des Einzelnen haftbar zu machen sei, ist natürlich eine Scheinfrage — besteht sie doch aus den Einzelnen allen, die wiederum von einer »Gesellschaft«, die aus Einzelnen besteht, in fataler oder weniger fataler Weise geprägt worden sind. So kehrt die Frage also immer wieder »zum Menschen« oder wenn man so will »zur Menschheit« zurück, deren innewohnende geistige Dynamik, deren Wesen und geschichtliche Entwicklung von den Einzelwissenschaften nur beschrieben, aber nicht erklärt, von der Philosophie nur in offen bleibenden Chiffren gedeutet werden kann. Tiefe Pessimismen und Depressionen des Lebensgefühls überkamen die Völker wohl zu allen Zeiten durch gegebene Konstellationen. Wenn man heute von der Neurose als einer Volksseuche spricht, so steht wohl besonders die *Depressionsneurose* mit der ungeheuren Mannigfaltigkeit ihrer Formen im Blickfeld, wobei man auf etwas Unbestimmtes und Fließendes deutet, das seinem Wesen nach nicht faßbar ist. Zwei in sich widersprüchliche Tatbestände scheinen es zu sein, die die Häufung der Neurosen verständlich machen. Einmal: der Einzelne lebt heute weit aufgeklärter, intellektueller, weit informierter, als dies in früheren Zeiten der Fall war, aber zugleich auch weit mehr als Massenpartikel, als Teilstück im Gesamtapparat, ameisenhaft und gesteuert. Zum anderen: er ist mitgerissen vom Optimismus eines schwindelhaften Fortschritts der Technik, dabei aber zugleich weit »leerer«, weit verlassener von der Substanz bergender und tragender seelischer Tradition, deren Absinken er in ratloser Ohnmacht verspürt.

(Ein Traumbild eines 40jährigen Mannes bringt dies auf die treffendste Formel: Er sieht ein kleines Kind in einem Wagen sitzen, das über und über von Heeren von Ameisen bedeckt und umkrabbelt ist; ohne einen einzigen Schrei oder Laut von sich zu geben, blickt das Kind ihn nur an mit einem Blick so tiefen, so hilflos geängsteten Entsetzens, daß der Mann zu keiner Bewegung fähig vor ihm steht.)

Das schwermütige Hadern des Depressiven verrät uns in seiner Grundgestimmtheit den Verlust an religiöser Substanz, religiöser Urkraft und Glaubensbildung, der für unsere Epoche charakteristisch ist. Hadert doch die Depressionsneurose im selben Atemzug gegen Gott, der uns verlassen zu haben scheint, wie gegen die Menschen, die Gott »abgeschafft« haben, wie auch, so könnte man wohl hinzufügen, gegen die, die zwar die Religion festhalten, aber in ihrer Glaubenskraft selbst unglaubwürdig geworden sind. Damit soll nicht gesagt sein, daß jede Depressionsneurose sich um eine bewußte religiöse Thematik kristallisiere. Aber dieser existentielle Hauch durchzittert sie doch in ihrem Kern: wir haben die »Ewigkeit« verloren, was soll der Tag uns da bedeuten können? »Was nützte es dem Menschen, wenn er die ganze Welt gewönne und nähme doch Schaden an seiner Seele?« Je mehr Lärm, blendendes Angebot, Verführung zur Illusion einer luxusgespeisten, metaphysisch sorglosen Existenz auf der einen Seite — desto tiefer auf der anderen die Trauer, der dunkle Trotz, die Not und vielleicht auch der Hochmut des auf verlorenem Posten Stehenden. Ob der Depressive sich nun auch anklammert an die Religion, die ja immer noch lebt, er fühlt sich nicht mehr verankert, nicht mehr »gerettet« durch sie; ihre Verheißungen erwecken keine Hoffnungskraft mehr in seiner Seele, denn er vermag sie nicht als Sinnfindung seiner eignen Existenz zu verstehen, sie also nicht in die Produktivität des eignen Herzens zu integrieren, in transzendierendes Vertrauen zu übersetzen. In seinem »Glauben« steckt Groll und Demonstration, in seiner Klage über die gottlose Welt ein Zug von geheimer Rachsucht. Genau betrachtet, hadert der Depressive im Unbewußten seines Menschseins gegen die Grundbedingungen unserer Existenz, die uns ja nicht heißen, Religion zu »übernehmen«, sondern uns ehrlich mit ihr auseinanderzusetzen. Aber das weiß der Depressive nicht und kann es auch gar nicht wissen.

Das Vakuum an echten kollektiven Werten, in denen Verantwortung von Mensch zu Mensch wurzelt, läßt uns die Häufung des »paradoxen Niemandseins« wie auch des »schwermütigen Haderns« verstehen. Die Depressionsneurose ist gleichsam der Aufschrei gegen diesen Verlust — nicht psychologisch, sondern ontologisch gedeutet. In seiner psychologischen Selbstinterpretation weist ja der Depressive über die engsten Grenzen seines eignen Haderns, dessen Ursachen er oft eigensinnig genug festhält, nicht hinaus. Aber die Gesamtmentalität unserer Gesellschaft, und nicht nur der unsrigen, sondern der aller hoch zivilisierten Staaten, läßt diesen Zusammenhang in unvermeidbarer Hellsicht deutlich werden. Haben wir doch in der Depressionsneurose gleichsam Warnsignale zu vernehmen gegen den erschreckenden Überhang in jene blinde Selbstzufriedenheit, jene metaphysische Sorglosigkeit, die auf nichts anderes zusteuert als auf die Selbstvernichtung der Menschheit. Man darf in diesem Zusammenhang wohl darauf aufmerksam machen, daß die Psychotherapie ihr kleines Teil beizutragen hat zur *Wissenschaft der Friedensforschung*, von deren Effizienz wohl unser Schicksal abhängen mag.

Rückgang und Verfall der institutionalisierten Religionen, soweit sie nämlich in innerer Trägheit, in bemächtigender Bevormundung erstarrt sind, scheinen nicht mehr aufzuhalten. Ihre Bevormundungstendenz, die eine freie Identitätsentwicklung nicht erlaubt, hat sich überlebt. Denn gerade das Gegenteil, die echte »Freiheit der Kinder Gottes« war ja in ihrem *Ursprung* gemeint. Was hat aber die Gesellschaft, die mit den erstarrten Formen auch die Ursprungskräfte der Religion abtut und zum alten Eisen wirft, an deren Stelle zu setzen?

Wo der Depressive um Heilung ringt, wo er sich in der Auseinandersetzung mit den tieferen Schichten seines Unbewußten auch seinem Menschsein als solchem stellt, da kann vielleicht etwas von Sinnerhellung zum Ereignis werden, das wieder ins Ganze einstrahlt. Deshalb bemüht man sich ja auch heute in fast allen Richtungen der Psychotherapie nicht mehr allein um die individuelle Triebregulierung und um die Anpassung des Menschen an die gegebene Realität; geht es doch vielmehr um seine Gründung in echter Freiheit und damit in der schöpferischen Verantwortung für die Gesellschaft. Nur so kann er beitragen zu dem Menschheitsfrieden, der von der Vernunft der Besten erkämpft wird.

c) In logisch psychologischer Ergänzung gesellt sich dem kollektiven Trend unserer Gesellschaft nach unaufhaltsamem Fortschritt im technischen Manipulieren des Lebens, der Natur und der Welt als einer »machbaren« sowie dem Abbau religiöser Werte und tieferer Gemütswerte überhaupt ein eminentes Bedürfnis nach *Sicherheit und Sicherung*. Kein Zeitalter vor uns hat wohl einen solchen gigantischen Apparat an Versicherungswesen aufgebaut, an Funktionen der Abschirmung gegen Gefahr, Krankheit, Unfall, Alter, gegen »Aggressionen« jeder Gestalt, wie das unsere... Das unsere, das doch mit überspielter Furcht der größten aller Unsicherheiten, dem Krieg mit Atomwaffen, entgegenzittert. Aber nicht nur von außen fühlt unsere Gesellschaft sich bedroht, sondern genauso von innen. Brutalität und Gewalt, subversive politische Tendenzen, die der bestehenden Justiz Hohn sprechen, nähren sich aus unsichtbaren internationalen Quellen eines Untergrunds, dessen Dynamik unberechenbar bleibt. Und wer könnte darüber entscheiden, wieviel der Idee nach Richtiges in dieser Dynamik steckt? Kämpft sie nicht oft genug gegen institutionalisierte Unrechtsverhältnisse, die nur aus bequemer Gewohnheit, in jener Mischung aus Gleichgültigkeit, eigensüchtigen Interessen und Trägheit, die der »Bürger« sanktioniert, stabil erhalten werden? Wir haben den *zwangsneurotischen Typus* als den des erbitterten Rechtens gegen »das Böse« beschrieben. Im individuellen Modell stellt er gleichsam diese kollektiven Spannungen zwischen Aggression und Sicherung dar. In seinen zwanghaften Haltungen wehrt sich der erbittert Rechtende, der ja nicht die Entwicklungsstufen zur Souveränität echter Freiheit hat durchschreiten können, gegen den Druck seiner eignen Ängste und Impulse wie auch gegen »das Böse«, das er ringsum in der Welt erblickt. Er erblickt es, weil er es projiziert, aber er erblickt es auch, weil es wirklich da ist und sich durch seine Projektionen verstärkt. Je mehr er die offene Begegnung und die Auseinandersetzung mit dem »Bösen« *in sich* flieht und vermeidet, desto destruktiver muß es werden, desto Destruktiveres projiziert er wiederum und desto mehr wird er selber, in seiner eigenen »Person«, (die er eben nicht per-*sonans* sein läßt), zur Gefahr für alle anderen, zu *dem* Bösen nämlich, gegen das er sich sichert. Wo aber der Sicherungsgürtel platzt — und die herausfordernden Angebote hemmungsloser Triebfreiheit in unserer Konsum- und Pornowelt sorgen ja dafür, daß er platzen kann —, da ergießt sich das unvergorene Gift undurchsonnter, nie kultivierter Triebdynamik in die Sozietät — verderblich für alle positiven, d. h. auf ein konstruktives Umlernen zielenden revolutionären Kräfte der Gesellschaft.

Wenn sich der Depressive dem hoffnungslosen Gram ergibt über die Traurigkeit der Welt, dem Grausen über das Unheimliche in unserem Dasein, so erstellt der erbitterte Rechter ein *System*, sei es aus wissenschaftlichen Begriffen, sei es aus moralischen Regeln, das eine feste Auslegung des Menschseins liefert, ein Gehäuse gibt, in dem wir angeblich wohnen können. Aus was für Steinen dies Gehäuse erbaut ist, mag sehr verschieden sein: sei es aus der geistigen Masse der überkommenen christlichen Tradition, sei es aus buddhistischen Regeln der Selbstentäußerung, sei es aus den stoischen Tugenden einer politisch-ökonomischen Weltanschauung: das jeweilige Gesetz gilt als unveränderbar, und die in diesem Umkreis Heranwachsenden haben sich ihm unterzuordnen. Denn alles, was abweicht, ist von der Qualität des Bösen, droht Verrat. Der Satan, sei es der biblische, sei es der säkulare, schleicht umher wie ein Löwe und sucht, wen er verschlinge.

Nicht jeder zwanghafte Patient führt uns ein in solches System in Klarheit vor. Aber seine aus Angst und Magie gespeisten Sicherungshaltungen »meinen« eine Ichbewahrung, die ihn fest macht gegen Wandlung und Erschütterung, gegen die Gefahr des Triebes wie auch gegen die Stürme lebendigen Gefühls. Im erbitterten Prozessieren, im erbarmungslosen Rechthaben gegen das »Böse« — und böse ist alles, was ihn wanken machen könnte, — drängt er seine Schuldgefühle weg und sichert sich seine doch immer unsicherer werdende Geltung vor sich selbst, vor Gott und den Menschen.

d) Die apersonale Vermassung der Menschen, die so wenig überzeugende religiöse Mündigkeitserklärung, der fortwuchernde Sicherheitsapparat auf dem Untergrund der Angst — das alles produziert als schillernde Blüte eine hektische Lebensgier, die anmaßende Selbstherrlichkeit einer Gesellschaft, die mit Fortschritt, Sensation und Konsum die eigene Unsicherheit, das Gefühl ihrer Nichtigkeit überdeckt. Soll doch in einer Eskalation des physischen Genusses wie auch in der Ekstase wissenschaftlicher Omnipotenz der Mensch über seine Endlichkeit, seine Fragwürdigkeit und Defizienz, der er sich doch nur stellen kann in Reifung und Selbstwerdung, hinweggetäuscht werden. Die verschiedenen *Formen der Bemächtigung* als Neurose bringen die bemächtigende Gestimmtheit dieser hektischen Dominante unserer Gesellschaft zum Ausdruck und führen sie gleichzeitig ad absurdum. Denn der hysterische Mensch (im klinischen Sinn dieses Wortes) scheitert ja an der Welt und an sich selbst.

Der echte Impuls zu neuen Wegen, neuem Denken, zum Durchbrechen starr und falsch gewordener Konventionen verfälscht sich bei den Vielen durch die angeberischen Gesten einer Besserwisserei, die mit selbstgefälligem Zynismus das Hergebrachte, mit ihm aber oft auch die Tiefe des Geschichtlichen überhaupt verneint. Wenn es an sich eine hoffnungsvolle Tatsache ist, daß »der Weltgeist« in unserer Epoche ein Umlernen und Umstrukturieren alter Orientierungen aufkeimen läßt, so schmückt sich damit ein billiger Hochmut, als sei das alles eigenes Verdienst: als ob man das Alte wirklich kenne und das Neue wirklich verantworte. In Herden führt man Protestaktionen durch gegen die verschiedensten Unrechtszustände auf der Welt, wobei nur wenige Einzelne, in echtem Einstehen für die Sache, zur Konsequenz und zum persönlichen kämpferischen Einsatz bereit wären. Man findet sich enorm »phallisch«, wenn man Rohrbomben in öffentliche Gebäude geschmuggelt hat — aber wie mancher schließt zugleich liebedienerische Kompromisse, wo es ums eigene Fortkommen geht. Man schreit mit vollem Munde »Spartacus«, ohne zu realisieren, mit welchem Mut der Verzweiflung der historische Spartacus sein Sklavenheer gegen das mächtige Rom führte, um selbst am Kreuz zu endigen. Wieviel bequemer ist es doch, sich an der Riesenwurst aus Nylon zu begeistern, die über dem Ausstellungsgelände emporsteigt, in ihr das Statussymbol zu erblicken, mit dem man sich identifizieren kann. Werbung und Propaganda — mit sicherem Blick auf die Kasse — können sich nicht genug beeilen, die aufgeblasenen Omnipotenzgefühle, die das Angst- und Verlorenheitsgefühl mit Schaum zudecken, kalt berechnend höher und höher zu treiben. Du brauchst nicht zu altern, tausend Mittel der Kosmetik erhalten dich jung. Der Tod wird, wenn nicht abgeschafft, so doch des Unbehaglichen seines Vorhandenseins beraubt, geschminkt und bagatellisiert. Der Schuldige, er ist gar nicht schuldig, bloß war er in seiner Jugend unverstanden, entweder zu reich oder zu arm, und so fehlte ihm die Einsicht. Und außerdem: wie viel sensationelle Genüßlichkeit verschafft uns doch das Verbrechen. Sexualität wird zum Konsumgut verharmlost, so kannst du also niemals in irgendwelche »Liebesnot« geraten. Und wo die Ehe von vornherein quasi nur »auf Zeit« geschlossen wird, da wissen die Partner ja schon, daß sie einander über kurz oder lang überdrüssig werden, da werden sie blind für die wandelnde und formende Kraft der echten Liebe, in der der Mensch sowohl seine Ichhaftigkeit aufgibt als auch erst er selbst wird. Die Partner suchen sich neue Partner, mit denen wieder das gleiche Spiel der Ichbezogenheit, die sich über ihre eigne Langeweile hinwegsetzt, gespielt werden soll.

Wenn der »direkte Bemächtiger« alle diese Strömungen der Kollektivpsyche in sich ballt und sammelt, so tritt der »indirekte Bemächtiger« mit der Gebärde anklagenden Abscheus vor ihnen zurück, ironisch oder verzweifelt, aber in seiner geheimen Selbstüberhebung ebenso unfähig zur stillen und kreativen Arbeit des »Antwortwerdens« auf sie.

Mit den skizzierten kollektiven Haltungen der Gegenwart soll keineswegs unsere Epoche als Ganzes charakterisiert werden. Nur die schwelenden und überall grassierenden Gefährdungen der Substanz des Humanum treten in ihnen vor Augen. Unter diesen bedrohlichen Aspekten des Verlustes aber läßt sich *der* Mensch seiner unzerstörbaren Freiheit nicht berauben; echte Identität entfaltet sich weiter in der reifenden und transzendierenden Kraft der Zukunft. Was morgen sein wird, wissen wir nicht, und doch vertrauen wir auf das Morgen. Würde es denn überhaupt so viele Neurosen, so viele seelische Krisen, so viel »existentielles Unglücklichsein« geben, wenn unsere Zeit nicht immer wieder das *doch* in ihr Verborgene schmerzlich herausholen müßte? Überhöht doch gleichsam jeder Neurosentyp die entsprechende Gefahrenlinie der Gesellschaft, bringt sie in individueller Gestalt zum Austrag und protestiert eben damit zugleich gegen das kollektive Unheil. Denn Neurose ist ja Leiden und damit Anruf zur Heilungsbesinnung. Darin aber liegt das verborgene »Heil«, der »Auftrag« der Neurose. In ihr sucht das Kollektiv nach Heilung. Der Leidende muß gleichsam stellvertretend die Konsequenzen allgemeiner Verschuldung ausbaden und auskämpfen; der Leidensdruck, den ja der »Jedermann« nicht kennt, zwingt ihn zum Suchen echter und liebender Menschwerdung. Sind nicht die Neurosen gerade die Stellen in der Gesellschaft, an denen »es durchkommt«? Nicht das »Es« der Triebe allein, denn diesem werden heute weit weniger Schranken entgegengesetzt als in früheren Epochen, wohl aber das »Es« der verborgenen und übertönten *Wahrheitsstimme,* die die Menschheit noch nie verlassen hat. So verstehen wir also ontologisch die Neurosen als Protest; sie stellen des kollektiven Unheils existentielle Überspitzung dar, *in der Leiden produktiv werden muß, damit der Mensch nicht untergehe.* Gerade in den Neurosen sehen wir also die Spuren eines kollektiven Selbstheilungswillens am Werk. In die Trends der Jedermannswelt schert der Geheilte *nicht* ein, Konformismus und Anpassung wird er nicht suchen, dazu hat er zu viel gelitten und zu viel erfahren. Ein Keim von Hoffnung ist in ihm zum Leben gekommen im Hinblick auf die Zukunft unseres Geschlechts.

Joachim Scharfenberg

Religion zwischen Wahn und Wirklichkeit

Gesammelte Beiträge zur Korrelation
von Theologie und Psychoanalyse
Konkretionen Band 13
321 Seiten. Paperback. DM 28,–

In ihren zentralen Kapiteln versucht diese Publika-
tion des Kieler Psychoanalytikers und Praktischen
Theologen Professor Scharfenberg den Zusammenhang von Psychoanalyse und Theologie zu bestimmen.
Der psychoanalytische Beitrag zur Trieblehre, zum
Problem der Sozialisation, zur Gruppendynamik, Er-
wachsenenbildung und zum Verständnis der erzie-
hungsschwierigen Kinder wird durchsichtig gemacht,
ebenso Freuds Beitrag zum Problem der Religion –
immer mit der Frage nach den Konsequenzen für die
gegenwärtige Theologie.
Diskutiert wird ferner die Frage, ob die christliche
Verkündigung sich weiterhin als eine Lösung des
Schuldproblems ansehen soll und wie die psychoanalytische Angsttheorie theologisch aufzunehmen ist.
Über den fachtheologischen Bereich hinaus werden
praktische Einzelprobleme therapeutischer Seelsorge
eingehend besprochen.

FURCHE-VERLAG

*Zur Anschlußlektüre geeignete Titel aus
der Reihe der Stundenbücher:*

CLEMENS E. BENDA

Der Mensch im Zeitalter
der Lieblosigkeit

Stundenbücher Band 53. DM 4,80

GUNNAR V. SCHLIPPE

Die Einsamen und Verlassenen

Seelsorge in der Großstadt
Stundenbücher Band 103. DM 3,80

FELIX SCHOTTLAENDER

Die Mutter als Schicksal

Erfahrungen eines Psychotherapeuten
Stundenbücher Band 73. DM 3,80

FELIX SCHOTTLAENDER

Des Lebens schöne Mitte

Gedanken über Liebe und Ehe
Stundenbücher Band 81. DM 3,80

FURCHE-VERLAG